# 软价值经济学

## 数字经济时代的底层逻辑

滕 泰 张海冰 滕天逸 ◎著

中国出版集团
中译出版社

图书在版编目（CIP）数据

软价值经济学：数字经济时代的底层逻辑 / 滕泰，张海冰，滕天逸著 . -- 北京：中译出版社，2023.11
　　ISBN 978-7-5001-7611-4

Ⅰ . ①软… Ⅱ . ①滕… ②张… ③滕… Ⅲ . ①价值论 Ⅳ . ① F014.31

中国国家版本馆 CIP 数据核字（2023）第 210434 号

**软价值经济学：数字经济时代的底层逻辑**
RUANJIAZHI JINGJIXUE: SHUZI JINGJI SHIDAI DE DICENG LUOJI

著　者：滕　泰　张海冰　滕天逸
策划编辑：于　宇　龙彬彬　华楠楠
责任编辑：于　宇　龙彬彬
文字编辑：华楠楠
营销编辑：马　萱　钟筱童
出版发行：中译出版社
地　　址：北京市西城区新街口外大街 28 号 102 号楼 4 层
电　　话：（010）68002494（编辑部）
邮　　编：100088
电子邮箱：book@ctph.com.cn
网　　址：http://www.ctph.com.cn

印　　刷：北京中科印刷有限公司
经　　销：新华书店
规　　格：710 mm×1000 mm　1/16
印　　张：22.5
字　　数：187 千字
版　　次：2023 年 11 月第 1 版
印　　次：2023 年 11 月第 1 次印刷

ISBN 978-7-5001-7611-4　　　定价：79.00 元

版权所有　侵权必究
中　译　出　版　社

# 推荐语

滕泰先生新作《软价值经济学：数字经济时代的底层逻辑》问世，非常值得祝贺！多年以来，滕泰先生一直致力于软价值理论研究，不断取得新成就，十分令人赞赏和敬佩！经济学所研究的核心问题是价值问题，人类经济活动最基本的问题就是确定、创造和交换价值。生活在三维物质空间中的人类，生存和发展的最基本需求就是物质，所以最基本的价值也是物质的。随着人类社会的发展，经济活动中也开始出现一些非物化的价值因素，且在经济活动中的比例越来越大，特别是随着互联网技术的迅速发展和数字经济的出现，越来越多非物化价值在经济活动中独立存在，形成了数字经济。在这种情况下，加强对非物化价值的研究，意义十分重大，衷心希望滕泰先生的软价值经济学能为新经济学理论的发展做出新的贡献！

——**林左鸣**　中国航空学会理事长，中国航空工业集团有限公司原董事长

我一直认为企业家要有前瞻性的创新能力，其实经济学也许更需要创新。在信息技术突飞猛进的21世纪，我们不能一直用诞生在牛顿时期的经济学原理来解释日新月异的数字经济。滕泰博士等人的这本书结合量子理论、信息论等物理学原理，从经济哲学方面

提出"物质-信息融合发展论",在价值创造方法上提出创新函数、参与群体函数,在宏观经济理论上提出创新周期,在商业模式上则总结了各种弯曲的软价值变现模式,这些理论探索对于更好地理解数字经济的未来发展、推动新时期企业创新转型,都有很积极的意义。

——王建宙　中国上市公司协会原会长,中国移动通信集团原董事长

在数字经济时代,需要重新审视工业经济时代建立起来的价值观以及价值评估方法。正因为如此,滕泰先生的新作为我们带来了新的思考,并试图提升到经济学的层面加以系统研究。毫无疑问,该书对如何认识软价值以及如何创造软价值打开了一扇窗,对于关注这一问题的人们提供了一套全新的思路,这也奠定了本书的意义和价值。

——李正茂　全球云网宽带产业协会董事会主席,
中国电信集团公司原总经理

长期以来,人们对商业、传媒、互联网、科研等产业如何创造价值存在很多误解,滕泰博士的《软价值经济学:数字经济时代的底层逻辑》运用"物质-信息融合发展论"有力地论证了各种非物质经济的价值创造作用,揭示了数字经济、文化娱乐经济、品牌经济、知识经济的各种底层经济规律,还总结了与这些新经济规律所对应的各种新商业模式,读之令人耳目一新、深受启发。软价值经济学提出的创新函数原理对于推动传统企业创新和中国经济转型也很有意义。学习软价值经济学,让我们人人都成为软价值创造者。

——江南春　分众传媒创始人、董事局主席

## 推荐语

滕泰博士的《软价值经济学：数字经济时代的底层逻辑》，帮助我们更加深刻地认知数字经济时代。本书提出的创新函数，对我们的商业创新活动有非常重要的指导作用。本书进一步阐述了软价值经济特征，会让我们更从容地面对 VUCA 时代、BANI 时代。

——**胡扬忠**　杭州海康威视数字技术股份有限公司总裁

半个多世纪来，数字经济以信息技术、互联网、人工智能为标志的三次浪潮，接续演化，步步叠加，深刻地改变了经济社会，改变了我们的生活方式，也改变了经济学。但是，对这个学科的重新建设和重新构造，却远远落后于产业和经济变革。这一次，滕泰博士出版的《软价值经济学：数学经济时代的底层逻辑》一书，对这一难题的回答，进行了一次全面且系统的尝试，让我大开眼界，为之一振。在书中，滕泰博士提出了创新函数和软价值经济学的基本框架，为我们指明了数字经济的本质是物质与信息的融合发展，数字经济时代的底层逻辑是不确定性、因果与相关性，以及软价值经济变化的量子特性，他从哲学和观念层面，将现实经济社会发展中的数字化变革碎片，加以抽象提炼，解释互联网等非物质经济的价值创造作用、新经济循环和经济周期等问题，这将有助于提升我们对非物质经济的价值创造作用的认识。关注经济学理论、数字经济理论和数字经济发展的朋友，本书值得你们阅读。

——**高红冰**　阿里巴巴集团副总裁，阿里研究院院长

人工智能会带来一场新工业革命，可以重塑甚至颠覆众多企业的现有模式。企业转型数字化不仅是人工智能发展的重要部分，也是实现数字中国战略的基础。滕泰博士的这本书深入解析了数智经

济时代的底层逻辑,提出的创新函数揭示了新的价值创造规律,同时为以平台为起点的新经济循环模型、财富流向规律、新的变现模式和新时代的经济运行都提供了与时俱进的经济学创新理论,推荐大家关注与学习!

——周鸿祎　360集团创始人、董事长兼CEO

我多年前就提出,企业和投资者要想获得超额利益,需要完成从发现价值到构造价值的跨越。无论是发现价值还是构造价值,前提是掌握价值创造和实现的规律。互联网、元宇宙和人工智能时代的各种新经济现象和新商业模式,对传统的价值规律产生了巨大的冲击,每个人、每个行业都需要更新认知。滕泰博士的新书从全新的角度阐述了数字经济时代的经济哲学和价值规律,他提出的创新函数和参与群体函数原理,流量价值、场景价值、叙事体验价值等新的价值因素,打开了我们的思维,对于推动企业创新转型很有价值。只有深入掌握信息态财富的软价值创造、循环和实现规律,做软价值的创造者,才能成为数字经济 2.0 时代的赢家。

——王明夫　和君咨询集团董事长,和君职业学院董事长

过去,人们通常认为,人与其他动物的基本区别是,人会制造工具,而动物不会,但是后来的发现表明,许多动物也会制造简单的工具。20 世纪哲学革命的一个重大成果,就是发现人类是用信息符号去认识和把握世界的。而创造信息符号系统是人类区别于其他动物最基本的特征。人类的信息符号系统包括自然语言、逻辑语言和数学语言等的创造和使用。近几十年来愈演愈烈的信息革命凸显了信息系统对经济发展的根本性意义。从这个角度看,滕泰博士的

## 推荐语

这本书,在信息世界与物质世界的关系方面所提出的"物质-信息融合发展论",做出了自己的探索,值得阅读和思考。

——华生　中国经济体制改革研究会副会长,东南大学人文社会科学资深教授,国家发展与政策研究院院长

数字经济是未来中国经济和世界经济发展的主流。本书提出了数字经济发展的底层逻辑,这对于引导企业从传统经营模式转型具有理论指导意义。

——刘姝威　中央财经大学教授,中国企业研究中心主任

滕泰等人新作——《软价值经济学:数字经济时代的底层逻辑》通过区分财富的物质形态和信息形态并借助于创新思维、参与群体和叙述体验等概念,构建了创新函数、软价值函数和通用生产函数,在此基础上提出了一个具有自主知识体系的"物质-信息融合发展论"。该理论突破了传统价值理论的思维定式,对揭示数字经济底层逻辑,认识数字经济所特有的价值创造规律、循环规律、周转周期以及财富流向规律等,具有重要的学术价值和参考价值。

——蔡继明　清华大学社会科学学院教授,政治经济学研究中心主任,广义价值论首创者,第十三届、十四届全国人大财经委委员

这几年,中央和国务院多次发文重视数据要素,各地都在建立大数据交易所,但是在经济学生产函数中,只有土地、劳动、资本、技术和管理等生产要素,迄今为止是没有数据要素的。那么数据到底能不能作为生产要素,以及它在财富和价值创造中如何发挥作用?如何认识数据作为生产要素的不磨损、不消耗、不折旧、边

际效益递增等新特征？在滕泰博士的这本新书中，他所提出的创新函数对这些问题做出了探索。我们既要重视数据的作用，也不能非理性夸大数据的作用，发展数字经济，在数据确权、脱敏、立法等方面还有很多工作要做。软价值经济学的提出对于经济学创新和推动中国数字经济的健康发展，具有很重要的意义。

——**陈全生**　国务院研究室工贸司原司长，国务院参事室特邀研究员

热烈祝贺滕泰博士的新作——《软价值经济学：数字经济时代的底层逻辑》公开出版。当前，新一代数字和人工智能技术席卷全球，正在催生新一轮全球产业革命。滕泰博士是一位富有创造力的多产经济学家，曾对创立中国新供给经济学做出卓越贡献。近年来，他致力于探寻数字经济运行规律，创造性地提出软价值经济理论。在深入调研的基础上，他揭示了数字经济、文化娱乐经济、品牌经济和知识经济等新经济的底层逻辑，这对于推动企业数字化转型、商业模式创新和提升国际竞争力都有指导意义。理论源于实践，又高于实践，并能指导实践。人类社会丰富的数字经济实践，为软价值经济学诞生提供了土壤；而随着软价值经济学理论研究的不断深入，我相信该理论也会指导人们顺应时代潮流，创造出更多的经济与社会价值。

——**徐洪才**　中国政策科学研究会经济政策委员会副主任，
中国欧美同学会经济研究中心主任

数字经济崛起正在迅速改变人类社会的生产方式和生活方式。以物质为主要对象的传统价值分析方法，越来越难以解释数字经济和信息化时代的事物运行规律。滕泰博士的新作创造性地提出了软

价值经济理论体系，从数字经济本质入手，展开分析了软价值经济的内涵与外延，探索和揭示了软价值经济的哲学意义、创造原理、循环和周期、波动规律、财富分配和企业运用，提出了一系列发人深省的观点。该著作不仅对经济理论研究做出了创造性和前瞻性的贡献，而且对政策制定、投资决策、消费选择和收入分配等宏微观经济行为均具有积极的实践指导意义。相信读者一定会大有收获。

——连平　中国首席经济学家论坛理事长，上海市经济学会副会长

我们对数字经济的概念已经很熟悉。数字经济在我们的日常生活中越来越重要，是当代经济增长的决定性引擎，但软价值的概念仍是新鲜的，而用软价值的概念创建软价值经济学理论并分析概括数字经济，我以为不但新鲜而且具有重大的实践指导意义。陈岱孙教授有一句经典的名言：经济学是经世济民之学。数字经济是与物质经济不同的经济形态，它的运行机制与我们所熟悉的传统经济很不一样，必须创立不同的经济学理论加以解释。滕泰博士基于对数字经济发展状况的长期观察，透过现象，创新性地提出软价值经济学理论，对它的运行规律特点进行了概括总结，厘清数字经济与物质经济的区别和联系。这不仅对经济学理论研究者有参考价值，而且对指导政策的制定、投资决策、消费选择和互动、收入变现和分配等更具有实践意义。

——陈兴动　法国巴黎银行原董事总经理，
环球经济研究中国主管，中国首席经济学家

滕泰博士是我认识的最具创新精神的经济学家之一，从新供给经济学到软价值经济学，都是非常有前瞻性和开创性的经济学理

论，尤其是把软价值经济学作为数字经济时代的底层逻辑，给我们研究数字经济提供了一个非常重要的视角。

——**沈建光**　京东集团副总裁，首席经济学家

当数字经济的时代浪潮滚滚而来时，囿于传统物质因素的价值论已无力解释信息态世界的运动规律。在中国这片数字经济领先发展的沃土上，软价值经济学敢于突破西方经济学基础理论的窠臼，创新性地从物质信息融合发展视角解读经济运行规律，认为软价值经济周期波动的驱动因素不局限于物质产品供求关系，而是由创新的集中涌现与退潮、参与热度系数变化以及宏观叙事主导。这一理论创新，不仅为中国本土经济学理论发展添上了浓墨重彩的一笔，还对新时代背景下中国的宏观经济管理具有重要指导意义。

——**温彬**　中国民生银行首席经济学家兼研究院院长

滕泰博士的这本书是一本关于新时代经济学的新思维和新技术方面的书，它从全新的角度讲解了经济学的原理和方法，以及如何利用软价值来推动经济的发展。这本书为我们提供了一个全新的视角来审视当今复杂多变的经济现象，不仅拓展了我们对经济价值的认知，也有利于激发我们的创新思维，提高我们对经济发展的理解和应用能力。滕泰博士运用丰富的实例和生动的语言，将软价值的概念、作用以及创造方式生动地呈现出来，读来让人耳目一新。

——**朱旭峰**　清华大学公共管理学院教授、院长

经济增长的驱动力从传统资源驱动，到劳动力和资本驱动，再到科技创新驱动，正在走向数据驱动，这个经济发展驱动力的演化

## 推荐语

史,背后是硬价值要素向软价值要素的变迁史,这本书是对这个变迁史的系统性回应,正逢其时,意义重大。作品建构了软价值经济学的底层逻辑、哲学逻辑和实践逻辑,为我们认清数字经济时代的本质提供了理论武器。

——**魏江** 浙江财经大学主持工作副校长,长江学者特聘教授,浙江大学管理学院原院长

从互联网到人工智能,信息技术、数字经济的发展确实表现出与物质经济不同的微观机制,比如信息的创造与物质生产不同,信息产品的价格波动与变现方式与物质消费品也不一样,信息态产品的供求关系、供求曲线等与物质产品更不一样,这些新经济现象对发端于亚当·斯密,定型于萨缪尔森的价值、价格、供求关系等经济学原理等提出了很多挑战。看到滕泰博士的新作,作为经济学同行我非常高兴,因为软价值经济学在经济哲学、价值理论、创新函数、数字经济经济循环模式等方面都有新的探索,虽然这些探索本身还有待学术界进一步讨论和实践验证,但我很愿意向学界和我的学生们推荐这本书,也希望经济学理论能及时跟上技术革命和经济实践,希望能看到更多的中国经济学创新探索。

——**苏剑** 北京大学经济学教授,国民经济研究中心主任

祝贺滕泰博士等人的新书出版!这本书的作者既有经济学家,也有物理学家,书中以量子理论和信息论为基础,提出的物质–信息融合发展论、创新函数、软价值变现模式等,体现出作者深厚的自然科学和哲学素养,以及在数字经济 2.0 时代的前瞻性研究成果。从战略管理学的视角看,这本书其实是一套创新方法论,对于数字

经济和人工智能时代的企业研发战略升级、商业模式创新颇具参考价值，值得一读。

——滕斌圣　长江商学院副院长、战略学教授

数字经济是不同于农业和工业经济时代的运行形态，我国甚至还将数据作为新的生产要素。为此，极有必要从原有的理论框架中跳脱出来，重新思考内在的价值根源、运行逻辑和周期分配。滕泰博士的新书就是一次有价值的突破尝试，从新的价值源泉深度，提出了相对于硬价值的软价值，将技术和数据以新的创新函数的方式，很好地纳入理论框架。而且在此基础上，提出了数字经济的新的"平台—产品—场景—流量—叙事—变现"经济循环，甚至还研究了新的周期模式和财富的再分配，包括创新集中涌现与退潮，参与者热度系数等。

这是一个巨大变革的时代，也是看清真实世界运行机制的机遇期。滕泰博士在浮躁的时代里能沉下心来梳理并形成适应数字经济时代的解释框架，弥补了理论上的空白，为新时代的展开提供了有益的指导。

——陈道富　国务院发展研究中心金融研究所副所长、研究员

滕泰博士的《软价值经济学：数字经济时代的底层逻辑》是一本令人瞩目的学术力作，其提出的创新函数原理以及关于数字经济的新循环、新周期、财富分配规律和商业变现模式，都深刻地揭示了数字时代的经济本质。这本书将成为数字经济理论发展的重要里程碑，不仅能够帮助企业家和技术专家们深入理解技术创新的本质，还为我们提供了独特的创新视角，以更好地理解非物质经济的

价值创造原理和经济规律,我相信它将为数字经济领域的进步和创新贡献重要力量。

——**李雨航**　云安全联盟 CSA 大中华区主席,<br>乌克兰国家工程院外籍院士,华为原首席网络安全专家,<br>微软全球原首席安全架构师,IBM 全球服务原首席技术架构师

经济活动的宗旨是创造价值,滕泰博士的新书拓展了"价值"这一概念的内涵,既是经济学的理论创新,也是管理学的重要理论创新。其提出的创新函数等原理对于企业如何改进研发管理方法、提高创新效率、创新商业模式,在方法论上很有启发意义。软价值经济周期理论认为,创新的集中涌现是经济繁荣的重要原因之一,还提出了平台与软价值经济循环、场景创新原理、流量创造原理、体验价值,以及软价值的变现和商业模式创新。其实,软价值经济学就是一套创新的方法论,我很高兴向致力于创新转型的企业家们推荐这套方法论,共同探索新时期企业战略转型和创新决胜之道,共同推动中国经济早日开启新的繁荣周期!

——**段继东**　中国医药企业管理协会副会长,时代方略董事长

我第一次听到滕泰老师软价值理论的演讲就被吸引住了,按照软价值理论,广告传媒业的价值可能不只是营销和传播,还包括直接给人们带来精神享受的创意价值和叙事体验价值,比如人们享受的不只是茅台酒的物理功能体验,还有它的百年叙事体验,所谓品牌,本质上就是长期流传的叙事体验价值。我曾多次邀请滕泰老师到中国广告论坛和中国国际广告节上讲软价值理论,结果整个行业同人与我有同感。在满足人们美好生活需求的新时期,在物质需求

之外，应该更关注人们的精神需求，软价值是构成个人、商品、企业、社会、国家不可忽略的价值。经过多年的研究，软价值理论升级为软价值经济学，更全面地揭示了非物质经济活动的价值创造规律，对广告传媒业提升价值创造能力有重要意义。祝贺《软价值经济学：数字经济时代的底层逻辑》出版，让我们都来做新时期软价值的创造者！

——张国华　中国广告协会会长，国际广告协会全球副主席

"哲学家们只是用不同的方式解释世界，而问题在于改变世界。"哲学固然如此，经济学又何尝不应该如此。滕泰老师的新作不但在用自己独特的范式解释数字经济世界的当前，而且还为改变当前的数字经济世界提供了卓有成效的路径指南和解决方案，是一部经世致用之书。不积跬步无以至千里，作者以三十多年的学术积累与企业实践著成此书，把作者创立的软价值理论上升到软价值经济学的新高度。作为文化创意领域三十余年的资深从业者，我期待软价值经济学在中国文化创意产业和中国文化的全球传播中，能够发挥出更大的影响力和推动力。

——张宇　中国文化产业协会顾问、原副会长，
北京大学国家对外文化交流研究基地特聘专家

推荐序

# 数字经济时代的重大理论突破

1905年康有为写了一篇文章——《物质救国论》。其在文章中提倡物质之学，100多年以后的今天，中国已经是全球第一加工制造中心。然而，在很多领域，我们与发达国家还有很大差距，甚至在国际竞争中被"卡脖子"。显然，硬科技的核心不是硬件，不是硬的外壳，而是芯片、工业软件、创新研发、品牌与自主知识产权。

那么如何推动并加快这些领域的科技创新呢？用传统的基建办法肯定不行，那就必须找到推动研发创新的基本经济规律。

## 一、用先进的理论认识工具推动实践的发展

科学技术已经上升为第一生产力，从而也是经济价值的第一创造力，这个论断称得上是对最近半个多世纪以来世界

各国社会经济发展经验的总结和概括。然而，这个总结和概括是在经历了相当长时间的酝酿和讨论之后才被人们普遍认可的。

在互联网和数字经济时代，层出不穷的新经济现象，促使人们思考一个新的问题：在构成"科学技术"的众多因素之中，或者在其背后，是否存在一种更带根本性的要素和力量对价值创造起着引领和决定性作用？如果存在，它是什么？这些新的要素和力量，与传统的生产要素和生产力是什么关系？

出于这样的长期思虑，当我阅读到滕泰博士的这本书时，喜悦和兴奋之情油然而生。因为我似乎找到了回答上述问题的某种答案。作者区分了创造物质财富的"生产函数"和创造非物质经济的"创新函数"，我认为这在很大程度上是对科学技术生产力的内涵和作用机制的新解读，是对经济价值新源泉的可贵探索。

之所以称其为"对科学技术生产力的内涵和作用机制的新解读"，因为作者提出的"创新函数"完整地解释了科技创新的过程和关系；之所以被认为是"对经济价值新源泉的可贵探索"，因为作者认为在需求侧也可以创造价值，并提出了参与群体方程、叙事体验价值等相关理论。这些理论不仅可以解释数字经济、科研经济的价值创造，还更有说服力地解

## 推荐序　数字经济时代的重大理论突破

释了近几十年来发生在知识产业、文化娱乐产业、品牌价值方面的各种新现象，提出了一系列全新的论断，值得我们认真阅读和品味。

此外，本书还提出了新的数字经济循环方式——软价值经济循环：平台—产品—场景—流量—体验—变现。显然，这不同于"生产—分配—流通—消费"的物质经济循环。以平台为起点、以产品或内容为载体、以场景为交会点、以流量为价值信号、以叙事体验为价值升华、以变现为持续条件的软价值经济循环，似乎更符合数字经济的现实情况，因为很多数字经济的确并不是以生产为中心，生产和消费过程无法区分，更没有什么流通环节可言，也不是以产品销售作为唯一的变现手段，甚至很多产品是长期免费提供的。软价值经济循环理论，尤其是其关于多种变现方式和商业模式的阐述，解释了很多按照传统经济学难以理解的现象。

滕泰博士认为，在软价值经济中，创新的集中涌现与退潮是决定经济周期的主要力量，这与他之前在《新供给主义经济学》中提出的新供给经济周期一脉相传，又略有不同。此外，他对软价值经济的参与热度系数、宏观叙事的影响，以及对未来经济周期和宏观风险的判断，对于新时期的宏观经济管理都有很重要的意义。

在提出软价值经济的一系列财富分配规律之后，作者预测，未来一定会出现总市值10万亿美元以上的平台企业，这样的预测不得不让我们进一步思考未来的全球财富分配会出现哪些新变化，以及这些变化会对我们实现"共同富裕"目标带来何种影响。

在2017年出版的《软价值：量子时代的财富创造新范式》中，滕泰博士就已经突破性地引入了量子理论的相关哲学、方法论，把它用于观察社会经济现象。这次又借鉴前沿物理学理论，提出"物质-信息融合发展论"，这是对客观世界更全面、更深刻的认识。在"物质-信息融合发展论"这样的哲学创新基础上，本书进而提出软价值的不确定性原理、软价值创造的因果可逆原理、量子纠缠与软价值相关关系、波函数与观察者效应、软价值的相对性原理、软价值的参照系运动原理、软价值域、软价值的量子跃迁原理等。这些理论突破给宏观经济管理者以及信息产业、知识产业、文化娱乐产业，尤其是科研企业的企业家，甚至资本市场的投资者，带来认知论、方法论上的升华，进而推动实践的发展。

近几年来，中国政府高度重视数字经济的发展，尤其重视数据作为生产要素的作用。然而，与数字经济高速发展和政府重视数字经济、数据要素的作用形成鲜明对比的是，中国经济学界对数字经济和数据要素的研究仍然停留在现象层面，还没有深入价值创造方式、经济循环方式等更深层面。

滕泰博士的这本书提出了更适合数字经济、研发创业产业发展的新理论，对于推动中国经济的数字化创新转型，推动企业创新，具有重大战略意义。

## 二、之前经济学的基础理论突破都发生在西方，而这次不一样

经济学价值理论在物质因素领域寻求价值源泉已经延续发展至少三四百年了，一直到21世纪初，在价值理论的定义、价值源泉这一点上，基本上都局限在物质因素的领域。

我们知道，在中世纪农业社会，财富的载体和源泉被认为就是土地，或者说是以土地为代表的那些物质资源。中世纪结束之后，过渡到资本原始积累阶段，在这个时候，英国的经济思想家逐渐意识到劳动同土地一起构成了价值源泉，于是就出现了著名的两要素价值论，其中最著名的代表人物就是威廉·配第（William Petty），他在1662年的《赋税论》中写道："土地为财富之母，而劳动则为财富之父和能动的要素。"

18世纪中叶到19世纪初期，人们看到资本在社会生产和经济生活中越来越显示出了引领和创造的作用，因此在英国和法国出现三要素论，即认为价值的源泉不仅有土地为代

表的自然资源和劳动,而且还有资本。三要素论的最著名代表人物是法国的让-巴蒂斯特·萨伊(Jean-Baptiste Say)(《政治经济学概论》,1803年)。

到19世纪下半叶,人们又发现,企业家们把各种要素组织起来进行生产,成为整个经济活动的中枢。因此,阿尔弗雷德·马歇尔(Alfred Marshall)提出价值的源泉还应该有第四要素——经营管理(《经济学原理》,1890年)。

第二次世界大战(以下简称"二战")之后,人们逐渐认可科学技术是第一生产力,也是财富和价值的第一引领者,并提出技术作为第五生产要素,这就构成了著名的五要素论。2018年的诺贝尔经济学奖颁发给了保罗·M. 罗默(Paul M. Romer),因为是他把知识和技术作为内生增长的力量,提出了"知识溢出模型"等内生经济增长理论,虽然这些理论没有突破五要素理论,但是由于更清晰地阐述了知识、技术的作用,从而把经济学对经济增长、价值创造的认识提高到一个新的水平。

以上这五要素论全都是在物质要素,也就是供给端的范畴内来谈的,还有一些经济学家更重视基于人的观测和感受,也就是需求端来确认经济价值。

最早从需求侧观察价值的,当属"边际革命"与主观效用价值论。这个流派的三位倡导者是英国的杰文斯、德国的

## 推荐序　数字经济时代的重大理论突破

门格尔和瑞士的瓦尔拉斯，还有之后的米塞斯、哈耶克等。除了边际革命、主观效用价值论，凯恩斯经济学也非常重视需求的作用。

滕泰博士的软价值经济学与前述价值理论是什么关系？应该怎么评价软价值经济学在价值理论中的新突破呢？

首先，从供给侧的要素价值论发展脉络来看，软价值经济学所提出的创新函数、软价值函数等新的理论，不仅在理论上超越了保罗·M.罗默等人对生产函数的修订，而且客观地揭示了知识和数据等信息元素、技术与创新环境、灵感概率等在创新过程中的作用。

以数据的作用为例，软价值经济学认为，数据作为数字经济的生产要素，就如同语言、文字、史诗、故事、神话是文学创作的生产要素；音符、歌谣、色彩、图像、IP等则是娱乐经济生产要素其中的一种，是创新函数中$n$类信息元素的一类——用这样严谨的理论论证，揭示各种信息元素在创新函数、软价值函数、通用生产函数中的作用，既有利于我们肯定并重视数据在数字经济中的作用，又不会过分夸大数据的作用；既有利于从学术角度推动数字经济创新，又不会造成相关经济行为太脱离实际。

其次，在提出创新函数、软价值函数之后，软价值经济学没有停留在供给侧，而是继续延伸到需求领域，进而发现了参与群体、叙事体验等这些新的价值源泉和价值创造方法，而且从数学上精准地描述了参与群体的创造原理，以及叙事体验价值对软价值函数的指数级别意义——这些发现，在理论创新上比效用价值论更进一步。在经济实践上，尤其是在人们精神需要占比越来越大的数字经济时代，对于全面认识和全过程推动微观的企业创新和价值创造，以及从宏观上认识全球经济价值体系的变化，都是很重要的理论突破。

近几年来，随着计算机、互联网的普及，大数据、云计算、云服务，以及人工智能、虚拟现实技术等的飞速发展，我一直在思考，是不是在物质要素领域之外，或者是在物质因素之上，有新的因素引领着这些事物出现呢？终于，有了认识这种新事物的软价值经济学。所以我说这种理论是对传统的囿于物质因素的价值论的一种突破，特别是对最近二三十年以来数字经济发展中的种种现象具有强大的解释力。

更让我感到高兴的是，之前经济学的基础理论突破都发生在西方，而这次不一样，这次突破出现在中国，这是我们中国经济学的骄傲。

## 三、建议学术界高度关注软价值经济学

还让我高兴的是，这种成果的出现，让我有似曾相识的

感觉。

长期以来，传统政治经济学认为只有劳动创造价值，且一直都把这样的一种理论奉为圭臬，无人敢越雷池一步。随着中国改革开放的进展，一系列新的事物出现了，特别是民营经济发展起来了，企业家的作用逐渐体现出来，以土地为代表的自然资源的价值也凸显出来，更不要说资本的作用和地位了。

在这样的形势下，如果我们还本着只有劳动创造价值的思想，而把企业经营管理者、土地、技术、资本等统统排除在财富及其价值的创造之外，甚至认为其他要素的所得都是对劳动者剩余价值的无偿占有，那么我们以建立社会主义市场经济为目标的改革开放就会被否定，已经取得的进展也都将付诸东流。

在这个背景下，我在20世纪90年代提出了多元要素价值论，也就是说，不仅要承认劳动是价值创造要素，而且要承认土地为代表的自然资源以及资本、经营管理、科学技术都是价值源泉，确立按生产要素贡献分配论，结果在中国的学界、舆论界和政界引起轩然大波，一争论就是十多年之久。我作为这种理论的提出者，在十多年间历经煎熬和磨难，甚至还有人在学术讨论中给我扣上这样或那样的"大帽子"。但我始终不为所动，我坚信自己的研究方向没有错，实事求是的态度和方法也没有错,坚信马克思主义认识论的一个根本原理,即实践是检验认识真理性的唯一标准。在此期间又经过了许多艰难的辩论和讨论,终于在我们党的十六大之前,我和其他持类似观点的同志的理论观点,得到了肯定和认同。

十六大报告提出"让一切劳动、知识、技术、管理和资本的活力竞相迸发,让一切创造社会财富的源泉充分涌流",这背后就是多元要素价值论为我们党的十六大做了理论准备。

2013年,党的十八届三中全会再次重磅突出十六大的这句表述,并成为鼓舞人心的新时代改革宣言,这些背后都有经济学价值理论的探索和贡献。

有了这些经历,今天看到腾泰博士的这本书,给我什么样的感受和希望呢?

第一,我们应该感谢时代的进步,让软价值经济学这种勇敢的突破,正逢其时。在全社会鼓励创新、呼唤创新的新时代,自然也不会再有过去我们提出多元要素价值论的时候所遭遇的那种经历,这是中国社会进步的表现。我禁不住要为软价值经济学的出现表示庆幸和祝贺。

第二,软价值经济学是对"科学技术是第一生产力"这一论断的深化和具体化。软价值经济学没有否定原有生产函数,而是在生产函数基础上提出创新函数、软价值函数,并统一为通用生产函数;不是同原有物质经济的原理"一刀两断",而是更好地提升物质经济的科技内涵。事实上,在价值论问题上,历史上所有的发展和突破都是站在前人肩膀上的前进。

第三,我希望中国的学界、企业界能够对滕泰先生的软价值经济学给予足够的重视。在新时代条件下,软价值经济学的理论创新,对于发展社会生产力、推动经济创新转型具有重大理论意义。我不是说这个理论已经达到了完善地步,也许其中的一些问题和观点都还有探讨的余地,但是这个理论的确能够解释当下的实际问题,而且能够推动数字经济的实践发展。

最后,我期待着作者能够百尺竿头,更进一步,在将现代自然科学成果、经济实践与现代经济学相结合的探索中,取得更丰硕的成果!

晏智杰

北京大学经济学院原院长,

教授、博士生导师

2023年9月

前言

# 软价值经济学：
# 揭秘数字经济时代的底层逻辑

随着人工智能、虚拟现实技术等数字经济新形态的飞速发展，以及数字化技术对传统产业的加速渗透，数字经济必将再次改写人类经济形态和生活方式。然而，由于我们一直戴着物质经济的"眼镜"来看待数字经济，因而不但对数字经济的发展规律认识不够，而且更缺乏前瞻性。

在中国，人们对数字经济认可比较一致的定义是"数字的产业化和产业的数字化"。

数字产业化，描述了互联网、移动互联网、云计算、大数据、物联网、工业互联网、区块链、人工智能、虚拟现实，以及相关的芯片、通信设备、核心电子元器件、计算机软件与网络安全等行业的发展现状和前景。

产业数字化，除了数字技术在商业、制造业、能源、建筑，以及交通、医疗、教育等服务业的应用之外，更注重从管理上推动传统产业的数字化转型。

这样的概括划分,虽然简单明了,也便于统计,但是只停留在数字经济的形态和内容层面。迄今为止,以此为基础的关于数字经济的相关研究,并没有深入数字经济底层逻辑——数字经济的价值创造规律、数字经济循环规律、数字经济周期、数字经济的财富流向规律;对于数字化转型的方法探讨也只停留在现象或经验总结,并没有上升到方法论的高度,进而找出各行各业通用的创新转型原理。

随着人工智能大模型的爆发和涌现,以及苹果混合现实(MR)为代表的虚拟现实技术的发展,不仅数字经济在价值量上成为各国经济的主体,而且数字化平台、数字化技术已经逐渐控制了各行各业的经济运行——这时,如果再继续延用诞生在物质经济的经济理论来解释数字经济,那么就会造成困难,甚至开始阻碍实践发展。

2023年1月末,ChatGPT[①]上线后短短两个月,月活用户已经突破了1亿。2023年3月14日,OpenAI又宣布发布多模态大模型GPT-4,它在几乎所有学科的考试中得分都高到接近于人类前10%的智力水平,使得全球企业争抢接入,人工智能对各行各业的改造,将超过20多年前的互联网。

---

① GPT(Generative Pre-Trained Transformer),生成式预训练转换器模型。

在全球人工智能大潮涌起的同时，2023年6月发布的苹果MR眼镜，又开始了一场颠覆性革命。与之前的增强现实/虚拟现实（AR/VR）不同，人们戴上MR眼镜再也不需要与外界隔绝，而是既可以看到虚拟屏幕，又可以随时通过眼镜与外界自由交流。这样的产品一旦价格大幅下降，必将引领人类进入三维、立体的互联网新时代，再次改变人们的工作、娱乐和生活方式，并催生全新的数字经济形态。

无论是今天的通用人工智能、MR三维立体互联网，还是之前的平面互联网、数字经济，或是传统的教育咨询、文化娱乐、信息传媒等非物质经济，其微观经济基础和宏观经济循环，都与传统的物质经济有本质的不同。

在传统微观经济学和企业管理中，成本、价格、利润是经典的微观经济基础，而在互联网、人工智能、虚拟现实等数字经济领域，生产不再是中心，成本和价格也不再是起点，企业创造利润的前提和方式不一定是单个产品的价格超过生产成本，还可以有平台变现、内容变现、场景变现、体验变现、流量变现、IP变现、服务化变现、金融资本市场变现等多种价值实现方式——有了这些弯曲的价值实现路径，很多平台或产品的价格可以低于成本销售，甚至长期免费供用户使用。

传统经济学的经典分析工具，诸如需求函数、供给函数，在互联网、人工智能、虚拟现实等数字经济领域，尤其是对很多信息内容产品而言，大部分情况下并不存在。比如微博、微信、抖音上的内容创作者，本身既是产品的供给者，也是消费者，其供给和消费过程常常不可区分，而且供给和需求都只是概率问题，没有固定的需求曲线或供给曲线。

在农业、工业时代，人们更重视物质财富，仅把信息态财富当作认识和改变物质财富的辅助工具。而在数字经济时代，数据、软件、算法、算力等信息态财富，不仅是经济价值的主体，而且已经深度支配和控制着物质生产过程。

此外，制造业的研发、设计、品牌、文化娱乐、教育、咨询、高端服务等，其价值源泉主要都不是自然资源，而是人的创新思维，其投入产出关系也不是线性函数关系，而是由创新环境、信息元素、创意者灵感概率所决定的概率关系……

软价值经济学从数字经济的信息态本质开始，揭示世界既有物质形态，也有信息形态，但信息态世界的运动规律与物质态世界的运动规律截然不同。那些从物质世界总结出来的哲学规律，在数字经济领域都发生了改变。

软价值经济学从物理学和哲学底座层面，提出"物质-信息融合发展论"，进而阐述了数字经济的价值创造规律、经济循环规律、价值运动规律、经济周期、财富流向与分配规律，以及这些新经济规律在商业模式、社会管理中的实践应用。

软价值经济学认为：

数字经济的价值源泉主要不是物质世界的自然资源，而是人们的创新思维。创新函数的核心要素除了资本、管理、技术之外，还有创新环境、数据等"信息元素"、有效劳动投入（总劳动投入与创意者灵感概率的积分）。那么，软价值经济学提出的创新函数与传统的生产函数有何不同？为什么生产函数的投入/产出关系是线性对应的，而创新函数的投入/产出关系是概率关系？企业如何提高创新成功的概率？

在数字经济领域，核心的生产力是研发、创意、算法、算力，而不是推土机或者挖掘机等工业机械设备。如何把握这些新的生产力？

在数字经济中，核心的生产关系既不是农业社会的土地和劳动的关系，也不是工业社会的资本与生产资料的占有关系，而是平台、内容、场景、流量、体验和变现的关系。如何把握这些新的生产关系？

在数字经济中，价格既不是影响生产的关键要素，也不是影响消费的核心要素，因为很多平台和数字产品都可以让客户长期免费使用。面对大量免费的信息态商品，需求的上限不是资金预算，而是参与者的时间和精力预算。这些新规律的发现对于宏观和微观经济管理有何意义？

与物质经济的价值创造在生产侧完全不同，数字经济的创造既在供给侧，又在需求侧。人们消费某一款信息产品，可能不是冲着这款产品本身，而是冲着其他参与者，也可能更喜欢与这款产品相关的叙事、点评——如果参与群体价值和叙事体验是软价值创造的重要部分，这会带来哪些新的问题？

软价值经济学提出，数字经济循环是"以平台为起点，以产品（内容）为载体，以场景为交会点，以流量为核心价值信号、以叙事体验为价值升华、以变现为商业模式"的新经济循环。这与传统的"生产—分配—流通—消费"或"企业部门—家庭部门—政府部门"的经济循环有何不同？

在宏观领域，数字经济的经济周期从最初跟随制造业周期而波动，到如今跟随引领制造业周期波动，并主导物质经济的运行周期——如果软价值经济周期取决于"创新的集中涌现与退潮""参与者热度系数""宏观叙事"等，那么我们如何从新的实践视角去把握这些经济周期规律，并找到新的宏观政策杠杆和工具？

在金融投资领域，软价值经济学提出，不存在精确的、绝对的"内在价值"，因为软价值是一个"域"，是一个概率分布，而不是一个点。软价值的运动有时是发散的，有时是收敛的；变化有时是连续的，有时是量子跃迁式的。软价值的变化更多是相关关系，而非因果关系，这些新的方法论在金融投资中如何应用？

在企业管理领域，如何打造创新环境？如何聚集不同行业的信息元素？如何提高创意者灵感概率？如何提高信息产品的发射功率和共振频率？如何以核心叙事打造体验价值？

在商业模式创新方面，平台变现、产品变现、内容变现、流量变现、场景变现、体验变现、IP变现等各种弯曲的价值实现路径彻底颠覆了传统经济的产品销售收入必须大于成本的旧商业模式，这将会如何冲击传统经济秩序？

虽然数字经济是20世纪90年代中期以来伴随着互联网而出现的，但是我对非物质世界价值创造的研究和思考，还要略早于数字经济的出现。

1991年，当我第一次学习教科书中传授的劳动价值理论、要素价值理论、效用价值理论、供求关系价值理论时，就直觉地认为这些都是源自物质世界的价值理论，未必适合知识、文化娱乐等非物质产品，并开始对价值理论进行思考和研究。1996年在伍柏麟老师的课堂讨论中，我非常直率地提出上述问题并阐述了自己的浅薄观点，伍柏麟教授的耐心解答和引导式的讨论对我很有启发。

20世纪90年代末，互联网和数字经济的出现，以及我从事的金融投资工作，更加激发了我对这一问题的兴趣。2001—2003年，我的博士论文选择了金融价值创造方面的课题，导师伍贻康教授和上海经济学界前辈们提出的很多问题更加深并推动了我对价值创造的理论研究。

2006年我出版了《新财富论》，初步形成了我对财富创造和各种经济现象的系统认识，提出非物质经济的价值创造与农业产品、工业产品的本质区别，为系统提出软价值理论做了一些初步探索。

2009年出版的《财富的觉醒》、2013年出版的《民富论》、2014年出版的《软财富》，都是沿着价值创造这条线的学术理论的探索。在这些研究过程中，软价值的相关理论体系初步形成。

2017年出版《软价值：量子时代的财富创造新范式》，提出并阐述软价值的基础概念和理论；2020年《创造新需求：软价值引领企业创新和中国经济转型》出版，尝试软价值理论在企业管理中的应用。

2023年，《软价值经济学：数字经济时代的底层逻辑》初步形成从微观价值创造、价值实现与商业模式，到宏观经济循环、经济周期、财富流向与分配的理论体系。

在30多年的学习和探索过程中，很多前辈、学者都曾给予我大力支持，其中对我启发和支持最大的是晏智杰老师和林左鸣先生。

2006年以来，北京大学经济学院原院长晏智杰教授对软价值理论提出很多宝贵的意见和建议，晏老师还为我2017年出版的《软价值：量子时代的财富创造新范式》写了序言，并在很多场合介绍软价值理论。在清华大学的一次演讲中，晏老师呼吁学术界要重视软价值理论，经济学教科书不能只传授几百年前的历史理论，不能再用物质世界的尺子去衡量信息世界，而是要发现、传播面向未来的新理论。

中航工业集团的原董事长林左鸣先生很早就提出了"广义虚拟经济：二元容介态原理"，不但从哲学上与我有很深的共识，而且在对非物质经济的价值创造规律方面，与我的观点不谋而合。2014年我出版《软财富》一书，林左鸣先生倾情作序，没有人比他更理解软价值理论的意义。他认为，软价值经济学不仅是一种揭示信息世界价值规律的科学理论，也是一种代表未来的经济价值观念。他不仅认为软价值是解释数字经济、文化娱乐、知识产业等非物质经济的钥匙，而且还建议企业家、社会管理者、科研人员、创意人员都要关注软价值经济学。

从软价值理论萌芽，到提出软价值经济学的二三十年间，全球科技突飞猛进，中国经济结构也发生了深刻的变革，从互联网重新定义各行各业，到企业和经济的全面数字化转型，再到人工智能的技术飞跃、虚拟现实技术即将开启三维立体的互联网新时代，全球经济形态已经日新月异。为了不再让陈旧落后的经济理论和社会观念影响新经济的发展，我们进一步创新、完善了《软价值经济学：数字经济时代的底层逻辑》，希望为推动新经济实践，为推动传统产业的转型创新，提供有力的理论工具。

在本书的写作过程中，万博新经济研究院副院长张海冰先生做了很多辅助性研究工作，付出了艰苦的努力；伦敦国王学院天文物理系的滕天逸先生提供了本书所需要的大部分物理学的知识、研究方法，并提出和完善了创新函数等软价值创造的系列函数方程；万博兄弟资产管理公司研究员李明昊先生、徐治翔先生自2021年以来对企业创新转型的软价值战略做了大量实证研究工作，部分成果在本书中也有体现。软价值经济学的研究还得到中国经济50人论坛理事、中数元宇总裁潘仲光先生，中国出版集团中译出版社乔卫兵社长以及于宇编辑、龙彬彬编辑、华楠楠编辑，元宇宙与人工智能三十人论坛易欢欢先生、徐远重先生的大力支持。华生、姚洋、温彬、苏剑、魏江、滕斌圣等著名经济学家和管理学家，王建宙、李正茂、江南春、胡扬忠、薛向东等知名企业家，倪健中、段继东、郭戈平、张国华等行业专家，以及石双月、刘世英、陈小雨、方泉、姚奎章、宋益群、郭文华、李红霞等长期关注软价值经济学的朋友们，都为本书撰写了精彩点评推荐，我在此表示衷心感谢！

作为一门探索非物质经济规律的新经济学，虽然历经多年研究探索，并得到众多专业人士的帮助，但本书还是难免有错处或不完善之处。所有的错误和不足自然都由我一人承担，希望这些浅薄的探索能够为经济实践的发展提供有力的依据，也为后人提出更完善的新经济理论做一些铺垫。

滕 泰

2023 年 9 月

# 目 录

**第一章　数字经济的本质**

　　第一节　数字经济 2.0 时代 // 003

　　第二节　数字经济的本质：物质 – 信息平行世界 // 015

**第二章　从数字经济到软价值经济**

　　第一节　软价值经济时代 // 029

　　第二节　软价值产业 // 036

　　第三节　新经济形态需要新的经济理论 // 043

**第三章　软价值经济的哲学革命**

　　第一节　信息与物质的融合发展 // 051

　　第二节　软价值经济的主观与客观 // 063

　　第三节　软价值的相对性原理 // 067

第四节　软价值经济的不确定性 // 071

第五节　软价值经济的因果与相关关系 // 077

第六节　软价值经济的变化是量子跃迁式的 // 081

## 第四章　软价值创造原理

第一节　从生产函数、创新函数到软价值函数 // 087

第二节　创新函数 // 093

第三节　参与群体价值 // 101

第四节　叙事体验价值 // 108

## 第五章　软价值经济循环

第一节　看透新循环，打开新境界 // 117

第二节　平台：软价值经济循环的起点 // 120

第三节　产品：软价值经济循环的载体 // 130

第四节　场景：软价值经济的交会点 // 137

第五节　流量：价值信号 // 144

第六节　叙事体验：软价值经济的升华 // 149

第七节　变现与商业模式创新 // 155

## 第六章　软价值波动的新规律

第一节　软价值经济的价格与供求关系 // 167

第二节　软价值域与参照系运动 // 172

## 第七章　软价值经济周期

  第一节　软价值经济周期 // 183
  第二节　传统经济周期理论还有用吗 // 191
  第三节　未来经济周期与风险展望 // 201

## 第八章　软价值经济的财富流向与分配

  第一节　软价值经济时代的财富流向 // 211
  第二节　平台的报酬和扩张边界 // 215
  第三节　创作者和参与者的财富分配 // 221

## 第九章　软价值经济学的企业实践应用

  第一节　企业转型创新从观念转变开始 // 229
  第二节　如何全方位提高企业创新效率 // 237
  第三节　企业扩大流量的方法论 // 246
  第四节　全面提升叙事体验价值 // 252
  第五节　场景、变现与商业模式创新 // 256

**参考文献** // 263

**推荐语** // 275

**跋　走在时代前沿，捕捉时代命题** // 309

第一章
## 数字经济的本质

当原始人第一次在溪水中看到一个影像随着自己的动作而动作时，就发现了一种镜像关系。在镜像关系的背后，蕴含着人们对世界更深的观察和理解，因为与物质世界平行的，还有多个镜像世界，即"平行世界"。

这些平行世界可以因为光学原理而存在，就像镜子里的青鸾鸣舞；可以因为量子原理而存在，就像量子纠缠现象；可以因为人们用语言、文字、书籍、音视频、数据、算法、互联网、人工智能等记录、认识现实世界的信息原理而存在，就像数字经济。

## 第一节　数字经济 2.0 时代

2022 年 11 月，由 OpenAI 公司发布的 ChatGPT，不仅是人工智能的重大突破，也是人类科技史上的重要里程碑，它标志着数字经济进入智能化时代。

2023 年 6 月，苹果公司发布了第一代 MR 头显 Vision Pro。同年 9 月，Meta 发布其首款 MR 头显 Quest 3，以苹果和 Meta MR 为代表的虚拟现实技术的发展，将很快把平面互联网提升到三维立体的新阶段，数字经济进入虚拟现实时代。

虽然数字经济起源于互联网，发展于各行各业的数字化转型，但是人工智能和虚拟现实技术的发展，将把全球数字经济推升到一个新的发展阶段——数字经济 2.0 时代。

## 一、互联网与数字经济

有学者从数据要素、计算机技术角度来定义数字经济，认为数字经济就是电子商务、数字支付、云计算、大数据等相关产业，以及被这些产业直接影响、改变的相关经济领域。

在中国，对数字经济认可度较高的定义是"数字的产业化和产业的数字化"。例如，中国信通院每年发布的数字经济报告，就把数字经济区分为数字产业化和产业数字化，认为2022年中国数字经济规模达50万亿元。其中数字产业化是指电信业、互联网、软件服务业等相关产业，总规模为9.2万亿元；产业数字化则指农业、工业、服务业中采用数字化控制的部分，规模为41万亿元。

实际上，数字经济是在互联网基础上发展起来的，没有互联网，不可能有人们现在所说的数字经济。

1996年，美国学者唐·泰普斯科特（Don Tapscott）在其《数字经济：网络智能时代的前景与风险》一文中最早提出"数字经济"的概念时，就是从互联网开始的。所谓"数字经济"，不可能离开消费互联网、产业互联网或"互联网+"各种产业。

随着数字经济的影响越来越大，即便人们企图从数据要素、计算机信息技术来重新定义，并提出数字经济和互联网经济的相同与各种区别等，数字经济也离不开互联网经济的基础和历史，因为数字经济是互联网发展的深化，是互联网技术走向产业的结果。

在互联网之前，虽然也有计算机和各种信息技术的发展，但那时并没有什么数字经济概念——只有当计算机信息技术的发展创造出一个与物质世界平行的世界时，比如互联网平行世界，才有"数字经济"。

比如，在农业时代，有对物质世界的摹写信息，也有人类发挥想象力创造出来的神话、传说。但是从信息世界到物质世界的转变，其呈现能力还很有限，一般仅限于文学、音乐、绘画、建筑、艺术品等，这些信息并没有用数字化技术呈现在一个互联网这样的数字平行世界中。

到了工业时代，人们对物质世界的记录工具和呈现方式更为多样，可以用电磁波来记录或传播图片、声音、影像，可以在报纸、电台上发表自己的观点，可以通过电话、视频进行实时的交流。但是这些文字、影像、声音、图片、视频、数据、软件仍然是分散的，并没有成为独立的经济形态——只有到了20世纪末，随着互联网技术的发展和应用，这些口信、文本、声音、静态图像、动态图像等信息才开始以数字形态全面呈现出独立的、互联互通的数字空间。

由于在计算机世界中，几乎任何信息都可以用以"0"或"1"为源代码的各种程序中进行编码、储存、传播。于是，很多原本由人脑来完成的思维过程，逐渐由计算机来替代。渐渐地，物理世界的每一个物体或人脑中思考的每一个概念，都在计算机世界里形成1个或$n$个对应的编码，并构成庞大的计算机数字信息世界。

比如，任何一个自然人，在计算机信息中都对应着一定的身份证号码、电话号码、数字照片影像、电子信箱地址、微博或微信号等。每一个公司都有它的公司网址、网页、VI形象、电子通信方式等。在20世纪末，随着计算机和互联网技术的发展，人们戏称"地球上的每一粒沙子都有一个IP网址"。美国总统说要建设"数字地球""数字美国"，中国人提出建设"数字中国"。

如果牛顿、爱因斯坦能够在今天复活，他们会惊奇地发现，自己居然生活在一个数字信息的海洋中：人们每时每刻都在不断注意信息的变化，时刻关注着电脑上的股票行情，一有空闲就拿出手机刷新微博，随时打开微信的"朋友圈"进行分享……人们不但不出门就可以通过手机尽知天下事，甚至把他们灵魂的社区也建在这里——每天在移动互联网上与居住在世界上任何一个角落的人实时交流，却对居住在一个小区甚至隔壁的邻居视而不见。

数字经济虽然脱胎于互联网，离不开互联网，以互联网为基础，但是也并不拘泥于互联网技术，而是各种"互联网+"的延伸，比如"互联网+大数据""互联网+产业""互联网+人工智能""互联网+虚拟现实"等。总之，随着互联网和数字化技术对各行各业的改造，各国经济先后进入数字经济时代。所谓"数字经济"，本质上是用数字化技术呈现的信息或数字平行世界。所谓"数字产业化"，就是这个数字平行世界直接相关的产业；而"产业数字化"就是数字平行世界对物质世界的影响、控制和改变。

## 二、数字经济2.0：智能化时代

人工智能大模型，是以人工神经网络为基础、有千亿甚至万亿参数算法的数学模型，它以大规模的文本、数据输入为前提，通过深度学习和预训练，使其具有理解自然语言的能力，能够回答和解决问题，并进行文本、图像、音频、视频的创作和设计。

随着ChatGPT和GPT-4的发布，人工智能出现分析推理能力、创作能力已经成为事实，人工智能对很多问题回答的准确性，以及生成内容的效率和质量，甚至已经超过了人类。也许几年之内，就会有一大批通用大模型或垂直大模型可以通过"图灵测试"①，代替人管理、分析、处理各种问题。

ChatGPT 和 GPT-4 点燃了各国人们对通用人工智能的应用热情，也点燃了全球大模型的研发热潮，谷歌、微软、英特尔、亚马逊、Meta、IBM、苹果、英伟达、DeepMind、阿里巴巴、百度、华为、腾讯、中科院、清华大学等纷纷发布或即将发布各自的人工智能大模型，"百模大战"全球上演。

各行各业纷纷尝试接入通用人工智能大模型——无论是软件开发、金融、制造、建筑业、零售业、教育、文学创作等，都因为接入大语言模型而大大提高了创作能力和客服能力，GPT 甚至还参与研发、提供决策支持，而华为的盘古大模型 3.0 上线短短几个月时间，就在气象预测、药物研发、煤炭采选等各行各业上千个项目中被接入应用，其中 30% 用在客户核心生产系统中，平均推动客户赢利能力提升了 18%。

除了管理、分析和处理问题，人工智能还可以模拟人类

---

① 所谓"图灵测试"，即我们让一台计算机在测试者无法接触的情况下接收测试，如果在相当长时间内，测试者根据计算机的回答，无法判断对面是人还是机器，那么就可以认为这台计算机具备了和人一样的智力，或者说这台计算机是有思维的。早在 1950 年，图灵就发表了题为《计算机器与智能》(*Computing Machinery and Intelligence*) 的论文，第一次阐述了"机器思维"和"图灵测试" (Turing test) 的概念。他认为，计算机不仅可以用二进制编程和代码模拟物质世界的镜像，也可以模拟人的思维和大脑意识，一旦这种模拟达到较高水平，人工智能就可以代替人管理、分析、处理各种问题。

的创造力和想象力，自动生成一定程度上具有原创性和创造性的文本、图像、音频和视频等，即人工智能生成内容（AIGC，又称为"生成式AI"）。

在文本生成方面，AIGC可以迅速生成文章、新闻、故事、诗歌，很多诗歌甚至写得很惊艳；在图像生成方面，AIGC可以生成逼真的图像、插图、绘画等视觉内容，很多中国的建筑设计公司、装修公司都开始尝试接入大模型，并通过学习大量的图像数据和图像生成模型来创造出新的图像，成为设计师的重要辅助工具；在音视频生成方面，AIGC可以生成人声、音乐、声效等音频内容，通过深度学习和音频、图像合成技术来创造出各种视频。

随着大模型深度学习和训练，模型结构和算法不断改进，AIGC的生成效果将越来越逼真和精确，生成内容质量和多样性将越来越好。多模态大模型还可以将不同类型的内容生成技术结合起来，实现多模态的生成，如图像与文本的结合、语音与图像的结合等，创造更加丰富多样的内容形态。

随着各国大模型的快速发展、进化，模型的智能化水平正在飞速提高；随着各行各业纷纷接入大模型，各行各业都将被改变；随着各种AIGC开始迅速涌现，不仅数字经济将发生爆炸式增长，而且整个经济运行和财富的创造方式也在发生天翻地覆的变化——人工智能将数字经济提高到一个新的水平，并将彻底改变人们的生活和工作方式，全球数字经济将进入智能化时代。

## 三、数字经济 2.0：三维场景化时代

对全球数字经济发展影响最大的，除了人工智能，接下来可能就是虚拟现实技术了。因为它将把人们从二维平面互联网时代，带入三维立体的场景化互联网时代。

正是因为看到虚拟现实技术的巨大潜力，在全球拥有 30 亿用户、曾经用互联网软件重构人们社交方式的美国互联网巨头 Facebook（于 2021 年已经改名为 Meta），意在从二维互联网到三维互联网空间的技术革命中，再领风骚。

虚拟现实技术以头盔、眼镜、脑机接口等电子设备为基础，对现实物理世界进行三维立体模拟呈现，让使用者有身临其境的沉浸感和交互感。在苹果公司发布 MR 眼镜之前，市场上流行的虚拟现实设备主要有 VR 设备和 AR 设备，其中 VR 是戴上头戴设备去看其中显示的场景，VR 是全方位的视觉体验；而 AR 则是通过眼镜设备向外窥视投射在现实世界中的数字影像，而脑机接口技术还在探索试验阶段。

由于 AR、VR、MR 技术的发展，将来物质世界的一切不但可以被摹写复制，而且还可以像一面镜子一样，把真

实世界搬进了虚拟现实世界，有人把这个虚拟现实世界叫作"元宇宙"，其实就是20世纪90年代钱学森先生所说的"灵境"。

1990—1998年，钱学森先生在给时任国家863计划智能计算机专家组组长、国防科工委委员的汪成为先生的信中多次讨论他命名为"灵境"的虚拟现实世界。他说："灵境技术是继计算机技术革命之后的又一项技术革命。它将引发一系列震撼全世界的变革，一定是人类历史中的大事。"

在钱学森先生的鼎力支持下，汪成为研究团队对虚拟现实技术进行了全面深入的研究，并于1996年出版了《灵境（虚拟现实）技术的理论、实现及应用》这一重要科学专著。在这部中国最早的虚拟现实研究著作中，作者对虚拟现实技术的光学原理、视觉原理、听觉原理、传感器、相关计算机技术、机械设计等做了全面的阐述，为头显设备的发展做出了重要的科学贡献。2000年，汪成为先生又出版了《人类认识世界的帮手——虚拟现实》，对虚拟现实的相关技术原理及应用进行更通俗的介绍推广。

美国对虚拟现实技术的研究同样领先世界，早在20世纪90年代就有虚拟现实头盔问世，据说当时价格在40万美元左右。2010年，美国航空航天局发布报告《建模、仿真、信息技术和处理路线图》，正式提出数字孪生概念，而美国海军领导人曾表示:"数字孪生体不是有趣的假设,而是当务之急。"①虚拟现实技术已经在最新的美军装备中开始得到应用,例如F-35战斗机的头盔就包括一个增强现实显示器,可在飞机周围的视频片段上显示遥测数据和目标信息。

虽然各国对虚拟现实技术的研究探索在几十年前就开始了,但是虚拟现实硬件设备的商业化进展还是最近十几年的事情。比如,微软于2010年开始开发其HoloLens AR头显设备,谷歌2013年开始开发AR设备谷歌眼镜,Oculus在2016年发布的第一款消费级头显设备,但分辨率较低。直到今天,Oculus已经发布了很多个版本,中国的Pico等也在不断发布升级版产品。

2023年6月,苹果公司发布了第一代MR头显Vision Pro,除了超震撼的立体现实效果体验之外,还有三个重大设计突破:第一,通过外接电源实现了体积小、重量轻、续航长的消费体验;第二,利用眼球追踪来浏览内容,利用手势来确认,交互不需要手柄;第三,戴上眼镜不再像蒙上眼睛一样与世隔绝,而是可以戴着眼镜自由走动、随时能看到景象并与外界自由交流。

虽然苹果第一代MR定价高达3 500美元,但其重新定

---

① 庞雪凡,王振宇.数字孪生技术在智能化战争中的应用[J].军事文摘,2022(8).

义的 MR 技术正在吸引谷歌、微软、Meta、华为、字节等全球顶级公司加大商业化研发投入，一旦成本降到合适水平，就会迅速普及，并将推动全球数字经济进入三维场景化的新阶段。2023 年 9 月，Meta 重磅推出其首款 MR 头显 Quest 3，定价 499—649 美元，不但价格比苹果 MR 大幅降低，而且可以接入 Meta AI。在上海，一家叫作中数元宇的创业公司也在 MR 眼镜技术上取得重要突破，其运用天文物理学原理设计的虚拟键盘为实现虚拟办公功能奠定了技术基础。

除了视觉、听觉效果的模拟，未来的虚拟现实技术理论上还可以模拟触觉、嗅觉等更逼真的感觉，但这需要手套传感器、脑机接口等更高端的技术设备。一大批虚拟现实设备公司、智能穿戴设备公司正在加紧研发可以提供物理反馈（即"触觉"）的智能手套或紧身衣，使其能创造沉浸感更强的交互体验。而以马斯克为代表的前沿科技公司都在投入大量资金和研发力量开发脑机接口——一旦将智能设备与人脑直接相连，不仅可以相互读取信息，而且可以让人们的大脑直接感受虚拟现实世界中的事物。

随着互联网和数字经济进入三维立体的场景化时代，被称为元宇宙的虚拟现实世界不仅能"折射"出各种物体，而且能"折射"出由山川、树木、河流、楼宇、道路、人、场景组成的一个个完整的小世界、小宇宙，甚至物质世界原本不存在的"新宇宙"也可以被创造出来。人们可能用不同的"分身"登录不同的虚拟现实世界进行娱乐、社交活动，随着各种新城市、新事物、新组织和新商业活动在虚拟现实世界中被源源不断地创造出来，全球数字经济将进入三维场景化的元宇宙时代，实现继互联网和移动互联网之后的又一次飞跃。

## 第二节 数字经济的本质：
## 　　　　物质 – 信息平行世界

信息是整个宇宙运行的基础和动力。信息与宇宙同时诞生，在没有人类之前就有物质能量转换信息、动植物遗传信息；而有人类以后，人类就开始通过信息记录和描述物质世界，也通过信息来操纵和改变世界。

### 一、数字化技术，使信息成为人类改变世界的核心能力

当原始人发现了一些动物和植物的繁殖规律，这样的知识本身属于信息世界的飞跃，同时也极大地促进了物质财富——养殖业和种植业的财富创造。

又比如工业革命前后，人类发现了很多无机世界的物质

运动规律,这些知识本身也属于信息世界的飞跃,同时也极大地促进了物质财富——工业的价值创造,并带来物质财富的飞速增长。

在研发创意、知识教育、文化娱乐、信息传媒等非物质经济创造领域,其主要的价值创造都是在信息世界完成的。比如迪士尼的各种人物、故事和场景,是一个创作于信息世界中的瑰丽宇宙,一旦被复制到物质世界,就形成美轮美奂的迪士尼乐园。

随着数字化技术的发展,物质世界和信息世界之间的交流、互动、融合程度越来越高,其交互方式也会越来越复杂:物质世界的每件东西,无论是电脑、智能手机、AR/VR/MR头盔或眼镜、手表,还是智能汽车、电视机,或是电表、水表、冰箱、输变电终端等,都可以安装上传感器,赋予一个IP地址或编码,然后就可以源源不断地产生数据,然后人们就可以用这些数据跟踪、监控物质世界,甚至在这些数据被输入程序之后,进一步用人工智能指挥、控制、改变物质世界。

美国的苹果公司、中国的华为公司,都是先在信息世界完成研发设计,然后再寻找制造装配企业来完成物质制造。以芯片的研发为例,芯片的系统架构设计、电路设计都是在专用的 EDA 软件中进行的,是一个完全的数字世界创造物,直到它通过了仿真环境的验证，才会将设计文件转换成 GDS（Graphics Display System，物理版图），交给芯片代工晶圆厂做成实际的芯片。

有了互联网、人工智能大模型、MR 等数字化技术的加持，人们在信息世界的创造能力进一步增强，现在人们赖以交流、生活、工作的互联网平台，未来会逐步发展为各种虚拟现实平台，每个平台和世界都有不同的场景设计、人物关系、娱乐或生产活动，形成独立的生态。

如同现在的互联网平台一样，未来人们将更多地在人工智能大模型平台进行创作、研发活动，在元宇宙平台创建自由空间、执行任务，或与其他用户聊天，企业也可以在三维立体的互联网空间里从事研究、工作、销售商品。

不论是平面的互联网平台，还是人工智能大模型平台、三维立体的元宇宙平台，未来几乎所有研究工作都可以先在数字平行世界中进行创作、呈现、模拟、试验，然后再复制到现实世界。

在数字平行世界，科学家可以在几分钟内预测出一个典型蛋白质的结构，设计出更多"不存在"的蛋白质，控制化学反应的方向和时间，创造出各种前所未见的新化合物，从中选择出可以治疗各种疾病的药物。延长人类寿命的药物将开发得越来越快。

在数字平行世界,无论是设计一个工厂,还是设计高精度的零部件,甚至设计芯片,都可以用更快的速度完成。甚至航空航天工作也要先在数字平行世界计算出各种数据,反复进行仿真模拟实验,然后才能进行现实世界中的航空和航天器的发射。

在数字平行世界,人们还可以进行交通管理、体育训练、军事演习等各种社会场景试验。

数字平行世界,让信息成为人们改变世界的核心能力。

## 二、人工智能:从虚拟数字人到 AIGC

2018 年《时代》周刊选出了互联网最有影响力的 25 位人物,其中一位是 Lil Miquela——美国人工智能 Brud 公司 2016 年推出的一个虚拟人,她在 Instagram 拥有数百万粉丝,她的人设是一位 19 岁的混血少女、模特和音乐家。

2020 年,中国有一位叫洛天依的虚拟数字人和京剧演员王佩瑜在央视合唱的一首《但愿人长久》,给中国观众留下了深刻的印象;2021 年除夕之夜,洛天依登上央视春晚,与王源、月亮姐姐演出《听我说》;2022 年冬奥会开幕式上,洛天依再次重磅登场……自从 2012 年出道以来,15 岁的洛天依已经演唱了一万多首原创歌曲,其中 90% 都是来自粉丝的创作。

所谓虚拟数字人，是指通过计算机合成图像技术生成的具有人类外貌、行为和交互能力的虚拟偶像。通常一个 3D 的虚拟数字人，首先需要使用三维建模技术来生成数字形象，然后还需要基于文本生成对应的语音和动画，再将语音和动画合成视频。

美国的 Lil Miquela 和中国的洛天依，都是动漫风格的虚拟数字人的 3D 投影和声音的合成显示。也有完全模拟真人制作的非动漫风格的虚拟数字人，比如，2023 年，多位创作者发布了"AI 孙燕姿"的演唱视频，据说可以以假乱真。在抖音、快手、腾讯视频等平台上，已经开始有经济学家用虚拟数字人发布内容。只要给虚拟数字人一段文字，他就可以根据事先录制好的视频、声音来生成一段演讲视频，这大大提高了经济学家们制作和发布视频的效率，可以更迅速、更加生动形象地发布他们的观点。

类似的应用现在已经广泛地在各类互联网平台的新闻播报和广告播放中使用，只要有足够的问题内容输入，虚拟主播可以迅速导入内容，持续地进行视频播报。

然而，这样的新闻播报、电影、游戏、广告播放等的投影式的虚拟数字人，其实并不能自主生成内容，而是由背后的运营团队来操作，因而其简单的对话互动主要也不是人工智能驱动。2023年，随着全球各种人工智能大模型的涌现，如果虚拟数字人能够接入大模型，并通过大模型自动生成更多内容或通过接入大模型与人们进行智能化语音互动交流，智能化的虚拟数字人就会离我们越来越近。

华智冰就是一位"AI+3D投影"的虚拟数字人，这位由清华大学计算机系知识工程实验室推出的虚拟数字人，已经办理了学生证，成为清华大学的一名"学生"。与那些虚拟主播、虚拟演员单纯模拟图像和声音并生成视频或3D投影不同，华智冰接入了上万亿参数的大语言模型"悟道2.0"。在不断的语言训练过程中，华智冰不但会创作诗歌、绘画，还会学习编程，并将很快成为与众不同的"科研人员"——当虚拟现实技术遇上人工智能，虚拟数字人才有了真正的独立交互和内容生成能力。

随着人工智能技术的发展，未来虚拟现实世界会涌现出百万、千万、上亿的虚拟数字人。每个人都可以拥有 $n$ 个数字分身，并用这些AI驱动的虚拟数字人来出席会议、发表演说、参与各种虚拟现实世界活动。企业用虚拟数字人来代言，政府用虚拟数字人来提供政务服务。虚拟现实世界会涌现出上亿的玩家和创作者，每个进入虚拟现实世界的人都可以拥有自己的角色，完成虚拟现实世界中的任务，或进行内容创作，或者与其他人建立联系。

## 三、芯片与算力：应观法界性，一切唯心造

无论是虚拟数字人，还是 AIGC，都离不开相关的设计开发程序和计算、存储芯片。2022 年 8 月，英伟达发布了能帮助开发者更快构建高质量虚拟人的 Avatar 云引擎，2023 年通用人工智能取得了飞跃式的发展。当互联网、虚拟现实技术遇上人工智能，佛经上说的"应观法界性，一切唯心造"就可以实现了。只要人们能够设想的，都能够通过数字建模的方式构建出来，很多在物质世界无法实现的梦想和奇观，在虚拟现实世界中不是难事。

当然，在虚拟现实世界中，仅仅模拟现实世界的楼宇、房屋、道路、车辆、树木的形状是远远不够的，为了达到与现实世界类似的体验效果，在虚拟现实世界，如果车辆撞上了房屋，其损害程度要与现实物理世界相当；虚拟现实世界中的树木也要像现实中的树木一样生长；在虚拟现实世界海洋中的鱼儿，划水或触碰水草的反应要跟在真正的海洋里一样……

如果要在虚拟现实世界中做试验，则要求更高。比如，虚拟世界的玻璃杯如果掉在地上，应该和物质世界中的玻璃杯一样会碎，杯子跟什么样的地面碰撞，碎裂的程度、碎片的形状、碎片飞溅的方向等，在算法和算力的保障下都能实

现；也可以为模拟深海，一次次地测试潜航器在不同压力、温度、酸碱度等海底状况下的表现和安全程度；还可以使普通人提前实现登上其他星球的梦想，驾驶全地形探险车在气态行星表面掠过，其感受的真实程度让人类的感官无法辨别真伪。

苹果和Meta MR的发布再次提升了人们在虚拟现实世界的体验——当我们戴上MR眼镜，走过山谷上的悬索桥时，我们感受到的紧张和恐惧和我们在现实世界中走过悬索桥的紧张和恐惧体验有区别吗？如果这两种紧张和恐惧情绪的感受和体验几乎是没有区别的，那么MR眼镜是否也可以说是通过了"图灵测试"呢？

要达到这些性能，无论是在虚拟现实世界构建视觉信息，还是用AI来设计驱动各行各业，都离不开GPU（Graphics Processing Unit，图形处理单元）和巨大计算和存储能力。作为第一个提出GPU概念的公司，英伟达2023年市值突破1万亿美元，带动了全球算力、存储、光模块、连接器、交换机等底层需求的大爆发。

## 四、物质-信息平行世界

量子理论早就解释了物质既是粒子，也是能量，粒子和能量可以相互转换，世界是物质-能量的平行世界。而在信息论的创始人克劳德·香农（Claude Shannon）在 1948 年提出比特（bit）这个信息的基本元素之后，越来越多的学者开始从信息的角度重新认识这个世界。信息论者认为，信息是整个宇宙运行的基础和动力。

曾经与爱因斯坦合作过的物理学家约翰·阿奇博尔德·惠勒（John Archibald Wheeler）说："万物源自比特。"任何事物——任何粒子、任何力场，甚至时空连续本身都源自信息。惠勒认为，"我们所谓的存在（reality），是在对一系列是或否的追问综合分析后才在我们脑中形成的。所有的实体之物，在起源上都是信息理论意义上的，而这个宇宙是个观察者参与其中的宇宙。"因此，整个宇宙可以看作一台计算机—— 一台巨大的信息处理机器。①

信息论者甚至认为，进化本身也是生物体与环境之间的信息交换结果，如果可以用 60 亿比特的信息定义一个人，那么整个宇宙的计算量有多大呢？能量和信息之间如何转换？这就不得不引入量子计算和量子比特（qubit）的概念，因为基本上所有的粒子和能量交换，"本质上是在交换比特、转换

---

① 詹姆斯·格雷克.信息简史［M］.高博，译.北京：人民邮电出版社，2013.

量子态以及处理信息"①。麻省理工学院物理学教授赛斯·劳埃德（Seth Lloyd）提出"宇宙可以看作一台量子计算机"，宇宙诞生，演化出现星系，然后出现生命和我们人类，这一切都是计算的产物。

物质和能量运动的过程，也就是宇宙这台超大的量子计算机进行运算的过程。林左鸣先生将这种与人类的主观世界无关的、物质和能量运动所产生和携带的信息称为"载体信息"；而对于人类来说，信息的出现带有主体性，信息世界，起源于人类意识对载体信息的认识和记录，这种认识和记录所产生的信息，称之为"主体信息"。

载体信息是相对稳定的，而人们用语言、文字、数字、程序等所创造的、能够改变世界的主体信息，却在飞速膨胀——实际上，古往今来，每一幅画、每一本书、每一部电影、每一出戏剧、每一个电脑游戏，都在构造一个信息态世界，从最初记录在人脑中、龟甲、竹简、纸张、出版物上的少量信息，到如今存在于电脑、U盘、服务器上的海量信息，到互联网、人工智能、虚拟现实世界，信息的爆炸式增长，正在形成一个越来越庞大的与物质世界平行的信息态世界。

虽然按照克劳德·香农、约翰·惠勒、赛斯·劳埃德和

---

① 詹姆斯·格雷克.信息简史[M].高博,译.北京：人民邮电出版社，2013.

林左鸣等人的观点,在宇宙起源之初,信息就出现了,宇宙是物质和信息的二元平行世界,但是只有在数字经济2.0时代,我们才深刻地感受到,世界不仅是物质-能量平行世界,也是物质-信息平行世界。

## 第二章
# 从数字经济到软价值经济

在农业和工业时代，物质财富曾长期占据经济的主体地位，而信息态财富占比较低；在数字经济时代，信息态财富不仅占比超过了物质财富，而且数字化技术还影响、控制着大部分物质财富创造。数字经济产业、研发创意产业、高科技制造业、文化娱乐产业、知识产业、金融业等非物质经济的核心价值都是软价值，不理解这些软价值产业的价值创造原理和运行逻辑，就无法适应未来的经济竞争，甚至被时代抛弃。

## 第一节 软价值经济时代

### 一、信息态财富占比提升

在物质－信息平行世界的发展演化中，物质态财富曾经长期占据主导地位，而信息态财富占比低，处于从属地位。例如，在农业和工业社会，主要经济价值是粮食、房屋、钢铁、汽车、轮船等物质财富，而文化娱乐、通信、教育培训等产业则占比较低，很多服务业围绕物质财富的生产而存在，因此叫作"生产性服务业"。

而如今，到了互联网、人工智能、虚拟现实技术为特征的数字经济时代，位于全球财富排行榜前列的，早已经不再是那些经营了上百年的传统产业，而是微软、亚马逊、谷歌、英伟达、特斯拉、华为、阿里巴巴、腾讯、京东、美团等数字经济巨头。此外，文化娱乐产业、金融产业、知识产业和其他服务业在经济中占比也越来越高——这些信息态财富的总量逐渐超过物质态财富，成为经济的主体。

从美国道琼斯工业指数构成的变化来看，在经过了100多年的发展之后，传统物质财富制造企业比例大幅减少，最初的成分企业中仅有通用电气一家公司依然存在于道琼斯工业指数成分企业中。在最新的道琼斯工业指数成分股中，信息企业、传媒企业、文化企业、金融企业、知识企业、服务企业等成为成分股公司的主流。

## 二、产品价值结构的变化

在物质财富中，苹果、英伟达、特斯拉等数字化制造企业，彻底颠覆了传统制造业，引领着各行各业的数字化转型——在制造业产品中，研发创意的价值占比也远远超过了装备制造，信息态财富不仅成为经济的主体，也成为制造业产品的价值主体。

传统的以物质财富为中心、以生产为中心的时代，研发是为物质财富的生产服务的；随着数字经济的发展，在越来越多的产业链中，不是研发为生产服务，而是生产为研发服务。比如，硅谷的苹果公司，在全球有成百上千家零件制造商、装备商，到底是苹果公司为这些装备商、零件制造商服务，还是这些零件制造商、装备商为苹果公司服务呢？毫无疑问，生产为研发服务——苹果公司的研发创造了价值，而制造和装备者只是兑现这些价值；研发创造80%的价值，制造和装备环节只创造20%的价值。

与传统制造业的一排排厂房和生产设备、原材料和产成品库存随时变化不同，无论是微软、谷歌、苹果等信息企业，辉瑞、强生、阿斯利康这样的创新药企业，还是时代华纳、迪士尼、新闻集团等文化传媒企业，花旗、高盛等金融企业，其财富创造通常都只消耗很少的地球硬资源，其核心资产就是那些科研创意人员，以及各种品牌和专利，而并没有庞大的生产制造车间。甚至连耐克公司这样的体育用品公司，其核心资产也只剩下品牌文化、款式、设计、专利、销售渠道等等，而硬制造环节全部外包给其他国家的生产商。

在消费品领域，人们越来越看重产品的品牌价值，以及它所带来的精神价值。比如，那些愿意花几千元买一瓶名牌白酒的人，并不在乎它的物质成本只有几十元；而那些购买几十元、上百元一包品牌香烟的人们，享受的也不是香烟本身能够带给他的生理感受，而是品牌香烟带给他们的心理满足感。这种心理满足感既包括了正常的品牌追求、社交需求，也包括了炫耀经济实力和社会地位的功能。

## 三、未来经济的核心价值是软价值

农业的本质是利用动植物繁殖生长规律创造财富，工业的本质是利用自然资源加工来创造物质财富——**我们把这些来源于自然资源，在物质世界创造的价值形态，叫作"硬价值"**。

而在数字经济领域，或者文化娱乐产业、知识教育产业、金融业、服务业等信息态财富领域，其价值源泉不是自然资源，而是人的创新思维——**我们把这些来源于人们的创新思维，在信息态世界创造的价值形态，称为"软价值"**。

在互联网、人工智能、虚拟现实为代表的数字经济时代，伴随着万物互联和各行各业的数字化转型，以及文化娱乐产业、金融产业、知识产业、其他服务业占比越来越高，整个经济价值构成中，物质态的硬价值占比降低到20%以下，而信息态的软价值占比上升到80%以上。此时从经济价值结构上来看，已经进入软价值经济时代。

软价值经济时代，我们不能再把信息和数字仅仅当成交流和沟通工具，因为信息态财富已经成为财富和价值主体，不但可以独立运行、独立存在，还会反过来控制物质财富的创造。

软价值经济时代，虽然物质态财富仍然在快速增长，但信息态财富增长更快，这种变化不仅来源于电子信息产业、传媒产业、文化娱乐产业、知识教育产业、高端服务业的大发展，更多来源于人类财富创造方式的革命性变化——信息态财富创造彻底摆脱了动植物繁殖生长时间和自然资源的约束，其财富创造速度远远超过物质态财富的增长速度。

软价值经济时代，人们的家庭总支出中，用来购买食品、制造业产品所支出的占比不断降低，为满足精神需求而购买信息态产品的支出占比越来越高；相应地，农业的产值占GDP的比重逐渐减少到10%以下，而制造业产值在GDP的占比会逐步降低到20%以下。

软价值经济时代，不仅在互联网、人工智能和虚拟现实世界等数字经济产业的核心价值是软价值，智能制造产业的核心价值也是软价值，连传统的文化娱乐产业、知识教育产业、高端服务业等核心价值也是软价值。

软价值经济时代，各行各业的核心价值都是软价值：农业的核心经济价值，在于基因技术和生态农业；制造业的核心价值，是产品研发、品牌、渠道等软价值创造能力；服务业的核心价值是场景、体验、流量等软价值；教育、培训、咨询、智库、会议、电影、戏剧、广告传媒、互联网等产业，几乎完全以软价值定义……

## 四、软价值经济时代的需求结构

英国经济学家马歇尔曾经说:"人类的欲望和希望在数量上是无穷的,在种类上是多样的,但它们通常是有限的并能满足的。未开化的人的欲望的确比野兽多不了多少,但是,他向前进展的每一步都增加了他需要的多样化,以及满足需要的方法的多样化。"在衣食住行的基本物质需要基本满足后,人们必然会追求更多的精神需求。

与物质态财富对应的是硬价值,与信息态财富对应的是软价值。物质态财富和硬价值既可以满足物质需求,也可满足精神需求;信息态财富和软价值虽然只能直接满足精神需要,但是当人们通过信息来认识、操纵和改变世界时,信息世界的软价值创造同样也能满足人们的物质和精神需求。

随着基本物质需要的满足程度越来越高,人们必然把越来越多的时间、精力花在满足精神需求上,这是造成软价值占比不断提高、硬价值占比不断降低的另一个方面的原因。

例如,汽车从最初的运输设备和代步工具,逐渐发展出各种豪华车型、运动车型、越野车型,被消费者赋予了越来越多的功能和文化因素。拥有一辆信息技术含量高、高度智能化的新能源汽车,则代表着环保、时尚、智能化等。

与汽车类似,人们对衣、食、住、行等各种产品的需要逐渐超越了其物理功能，更注重这些产品对精神需要的满足。如一瓶饮料成本中只有20%是原材料成本，对应着20%的享受解渴、味道独特等生理需求；而80%是品牌塑造、推广的成本，对应着80%的放心、放松、时尚、心情愉悦等精神需求。当消费者购买一件品牌衬衫时，只有20%是需要它挡风遮体，而80%的需求是其颜色、款式、设计、品牌，以及它承载的文化和故事。

人们吃饭已不仅是为了解决温饱，还为了实现环保、美味、文化、环境等精神追求；人们穿衣服已不仅是为了挡风遮体，更多是为了满足审美、社交等需要；人们开汽车已不仅是为了代步，而是对时尚、智能化有着需求……总之，当精神需求取代基本物质需要成为人们的主要追求时，几乎所有产品的硬壳、硬件等物理载体的价值都不再是产品的价值主体，软价值自然成为经济价值的主体。

## 第二节　软价值产业

我们把软价值占主体的产业叫作"软价值产业"。软价值产业包括以信息产业、数字化制造为代表的数字经济,还包括文化娱乐产业、教育培训产业、咨询产业、金融产业、其他服务业等一切以非物质经济为主体的相关产业。按照中国信通院的统计,2022年美国、中国、德国、日本、韩国等5个世界主要国家的数字经济占GDP比重已经达到58%。如果再加上文化娱乐产业、教育培训产业、咨询产业、金融产业、其他服务业等,发达国家的软价值产业占GDP比重普遍超过80%。

### 一、数字经济产业

按照信通院的推算,我国数字产业化规模为9.2万亿元,

## 第二章 从数字经济到软价值经济

其中电信业、互联网业、软件业占比47.4%。

从软价值哲学角度来看,数字经济的本质是人们对世界认知所形成的信息平行世界。信息内容主要包括新闻信息、商业信息、经济情报信息、影音信息、图片信息、文字信息、数字信息等。随着互联网经济的发展,信息内容的创作出现了去中心化、自媒体主导的新趋势,从Facebook、Twitter到微博、微信、今日头条和抖音等,每一个信息消费者同时也是信息创作者和发布者,不但带来信息内容的爆炸式增长,而且更有针对性地满足了人们个性化的信息需求。

为了呈现和传播信息,还需要剪辑、编辑、加工,并搭建平台、渠道,让信息内容可以随时通过报纸、广播节目、电视节目、网站、邮件、博客、微博、微信公众号、短视频等形式呈现出来。更多、更便利的信息满足了人们的情感交流需求,省去了很多非必要面对面交流的长途旅行之苦。那些原本只能被少数灵敏商家掌握的贸易信息,现在可以瞬间传遍世界,消费者在互联网上几乎可以搜索到并购买到任何商品。

数字化的信息平行世界彻底改变了人类几千年来的生活和交往方式,这自然离不开相关的硬件设备,比如电报机、电话机、计算机、手机、电视机、互联网服务器、发射基站、电线电缆、卫星通信设备等。更广义的信息设备产业，包括邮电、电信、通信设备制造业，以及上游的各种芯片、元器件制造业等。

除了信息产业，数字经济还包括被数字化技术改变的传统产业，有关研究表明，中国有一半的服务业已经采用互联网线上服务、移动支付等数字化技术；有 1/4 的工业生产已经采用数字化技术控制；农业的数字化率也超过了 10%。

## 二、研发创意产业与高科技制造业

在工业时代，研发创意是为制造环节服务的，而在软价值经济中，研发创意不仅可成为独立的价值创造部门，而且甚至可以成为独立的产业。

例如，英国 ARM 公司的主要业务是设计 ARM 处理器构架，但本身并不靠自有的设计来制造或出售 CPU，而是将处理器构架授权给有兴趣的厂家。美国高通公司是一家无厂半导体（Fabless）公司，它只负责通信技术的研发和芯片设计，将芯片设计图纸交给台积电等半导体制造商来生产。

在中国和美国都涌现出不少独立的 AI 技术研发企业，他们在自动驾驶、语音模拟、人脸识别、新药研发等垂直领域中研发人工智能技术的应用方案，并将自己的成果转让或授权给需要的企业或机构，其中知名的企业有商汤科技、Adept AI、创新奇智、Momenta 等。

在医药领域，独立的新药研发企业就更多了。在美国，这些企业主要在波士顿、新泽西等地区；在中国，这些企业主要在上海、北京或长三角、珠三角等地区。这些企业的主要人员都是科研人员，新药获得审批之后，将通过代工的方式来进行生产，或将不同阶段的成果卖给出价合适的更大的医药企业，用获得的资金支持其他新项目研发。

还有一类医药研发企业是所谓的研发外包企业（也称为"合同研究机构"，即 CRO），他们为新药研发机构或大药企提供研发服务，很多医药公司将自己难以完成或者不愿承担的环节外包给 CRO 企业，这些企业以其丰富的经验来完成这些任务并以此获利，中国的药明康德康龙化成、凯莱英、泰格医药、昭衍新药等公司都是比较典型的 CRO 企业。

在创新药、计算机技术等各领域的创新企业中，大部分企业都是由科研工作者直接创办并拥有。在纳斯达克交易市场和中国的创业板市场，投资者也越来越习惯给冠名"科研"的企业以更高的估值。

除了这些专业的科研公司，越来越多的先进制造业企业的核心价值也已经转为研发创意等软价值创造能力，比如苹果、特斯拉、华为公司、中芯国际等。虽然销售硬件产品可以归为制造企业,但是其产品总价中的软价值占比很高——这些高科技制造业,也是软价值产业。

## 三、文化娱乐、知识产业、金融业

在软价值时代,文学、绘画、声乐、体育、电影、工艺美术等文化娱乐活动,一旦以产品或商业活动的形式推向市场,就会形成庞大的文化娱乐产业。

各国文化和娱乐产业的产值占经济的比重在5%—10%,前几年有媒体夸大中美两国文化娱乐产业规模的差距,认为美国文化娱乐产业占美国GDP比重达到30%。这主要是统计口径的问题,包含着大量的重复计算。美国文化娱乐产业的确全球最发达,但实际规模在2万亿—3万亿美元,GDP占比为10%—15%。

在数字经济和人工智能时代,那些能够在互联网上储存、免费传播的知识,虽然能够提供效用,但是这些知识已经成为互联网时代的公共品。如同空气和水,人们离不开它们,但大部分情况下人们并不需要为空气和水支付金钱,因为它们是免费的、无处不在的。只有那些建立在专业知识基础上的创新思维,才能形成独立的软价值,并演化出教育科研经济、培训经济、咨询经济、智库经济、会议与论坛经济等各种知识产业。

又比如咨询业也已成为越来越发达的知识产业。各种咨询机构为企业提供管理咨询、市场调查、营销策略、财务管理、人力资源、品牌形象、行业发展趋势、法律、金融等方面的专业咨询服务，或为政府部门提供融资计划、招标采购、各种专业政策制定、舆情调查等方面的咨询服务，甚至为家庭提供理财咨询服务、教育资讯服务、心理咨询服务等。

软价值经济时代，会议和论坛不仅是沟通交流的手段，也开始成为一种独立的产业形态。政府官员、行业领袖、知名学者在各种论坛上提出新理念、发布新思想、阐述新政策、分享新管理方法，让参会者受益无穷，还可以结交朋友、发现商机。

金融也是非常重要的软价值产业，各国金融业的增加值一般在GDP的10%以下。比如，多年来美国金融业增加值占GDP的比重在7%—10%；2022年中国金融业增加值为96 811亿元，占GDP比重的8%。

除了信息产业、科研产业、文化娱乐产业、知识产业、金融业，商业、医疗、保健、美容、理发、餐饮、茶馆、养老、旅游等其他服务业，虽然也需要房屋、器皿、器械等物质财富作为载体，但是人们获得主要效用大部分来自专业劳动，主要满足人们心理和精神层面的需求，所以这些服务业也属于软价值经济的范畴。

## 第三节　新经济形态需要新的经济理论

几年前,央视曾连续报道某海外品牌咖啡馆的成本和价格差异,"揭露"其在中国赚取"暴利",结果不但没有博取到国人的喝彩,反而遭到数不清的网络攻击和耻笑。显然,消费者购买的不只是一杯咖啡,而是凝结在这个品牌上的信任、咖啡馆里的交谈氛围、休闲情调和简单快捷的服务等软价值。多年来,国人对金融是否创造财富始终充满争议,如果不承认货币和金融资产是财富,那么那些金融账户上拥有巨额数字的人难道都是"穷鬼"吗?如果承认货币和金融资产是财富,那么一个国家多发钞票、多发债,难道就意味着财富的增加吗?数字经济时代,为什么有那么多长期免费的产品?为什么没有任何销售收入的企业在科创板上市后居然有上百亿元价值?为什么一个主播可以一年带货百亿元?研发、创意、品牌、流量、体验等软价值是如何创造的？

## 一、陈旧经济理论的影响和危害

工业革命带来的物质态财富大爆炸已经逐步解决了人类的基本物质需要，而数字经济为代表的软价值经济，又进一步促进了人类对计算机硬件、电力、算力、存储等物质财富的需求。这就是物质态财富和信息态财富的融合发展。

当软价值已深深地渗透到每一件产品、每一个产业，并成为价值主体时，软价值就像水和空气一样，成为现代和未来社会里每个人必不可少的部分。然而，由于我们深受"物质主义"影响，长期忽视软价值，结果造成对物质世界的过度开发，带来各种社会问题，如能源危机、环境污染、产品过剩、经济衰退，以及在国际竞争中的芯片、工业软件等软价值创造环节被"卡脖子"等。

那些诞生在牛顿物理时代的价值理论，无论是劳动价值论、要素价值论、效用价值论、还是供求关系价值理论，都已经不能解释信息产品、文化创意产品、软件产品、高端服务业，尤其是互联网、虚拟现实世界、人工智能领域的价值创造和价值运动规律。

随着数字经济从互联网时代走向智能化、场景化时代，经济的微观基础已经变了，以物质产品的生产为中心，建立在价格、成本、利润为核心分析基础上的那一套分析工具，已不能完全解释以创新思维、参与群体、叙事体验为核心的软价值创造，也不能解释"平台－产品－场景－流量－体验－变现"的软价值经济循环规律。

由于把诞生在物质世界的传统经济学应用到信息世界，很多深受经济学和管理学影响的企业家和投资者，在现实中不断遇到各种理论认识困扰，而那些物理学、数学、计算机专业出身的企业家，由于头脑中没有陈旧经济学理论的束缚，在数字经济为代表的软价值经济实践中反而更加游刃有余。

各国很多政策制定部门，由于深受牛顿时代世界观和物质主义哲学思维的影响，不但不能正确理解并支持知识教育产业、文化娱乐产业、信息传媒产业的发展，而且从物质主义认识论出发，制定出各种错误的政策，严重影响了这些产业的健康运行。

## 二、新经济形态需要新的经济理论

在 ChatGPT 发布后的短短几个月，全球数亿人都开始体验人工智能回答问题、协助写作、绘画、设计带来的种种惊喜。随着全球科技公司纷纷加入，各种人工智能大模型每天学习并产生海量的信息，数字化平台会提供各种智能化的创作工具。AIGC的虚拟数字人随时创作各种精彩内容，通用人工智能（AGI）在很多领域控制着经济的运行。苹果MR眼镜发布，让互联网进入三维、立体时代，其超强的用户体验必将再次改变人们的生活和办公方式。

当苹果、微软、谷歌、亚马逊、英伟达、Meta、特斯拉等以软价值创造能力为核心的企业逐渐占据全球财富排行榜的最前列时，当华为凭借IPD战略成功转型为以研发驱动的软价值创造者时，不靠研发、设计、内容、品牌、体验、场景、流量来创造软价值的企业，就只能靠控制成本、压低价格来争取订单，结果生意越来越难做，甚至惨遭淘汰。

不计其数的传统商业、传统文化娱乐业正在悄然消失。很多传统制造业和传统服务业的员工，由于无法转型为软价值创造者，其岗位正在被机器人代替；那些不具备软价值创造能力、仅仅掌握书本知识和考试技巧的学生，走出校门后随时面临失业的挑战……要改变这一切，必须用新的理论武器来引领创新转型。

总之，在数字经济进入智能化和场景化的2.0时代，我们仍然要一如既往地重视物质财富、重视制造业，但是我们必须深刻地认识到，不仅数字经济的核心价值是软价值，科研、文化娱乐、教育培训、金融等产业的核心价值也是软价值。如果整个经济的形态和价值构成已经改变，未来经济的80%都是软价值产业。所以，如果不理解这些新的价值创造原理、新的哲学认识论和方法论，就无法适应未来的经济竞争，甚至会被时代抛弃。

第三章
# 软价值经济的哲学革命

如果在工业时代不重视物质哲学，就无法把握工业革命的历史机遇。而在数字经济时代，如果继续用物质世界的哲学思想来看待软价值经济，轻则坐失发展机遇，重则将做出错误决策，成为经济发展的障碍。因为经济哲学不是抽象的理论，而是深藏在每个企业家、每个投资者、每个家庭、每个人的观念中，时时刻刻影响着人们的经济行为、选择和决策。

## 第一节　信息与物质的融合发展

以牛顿物理学、达尔文进化论为代表的近现代科学，在提升工业生产力的同时，也极大地影响了人们看待世界的哲学观念。而量子理论产生之后的物理学、信息理论虽然对现实世界进行了天翻地覆的改造，却对哲学和经济学影响较少。因为自然科学的研究壁垒深深地把哲学家、经济学家挡在外面，再也没有哲学家、经济学家能够像启蒙时代的社会科学家那样对同时代的自然科学了如指掌。结果，科学技术和生产力突飞猛进，而我们的很多哲学认识和思维方式还停留在牛顿和达尔文时代。

### 一、"冰冻"在牛顿时代的经济哲学

在农业社会中，人们创造财富主要依靠农作物的繁殖生

长规律，人们自然地认为土地是财富的源泉。工业革命以后，人们用各种物理、化学方法来加工自然资源、创造工业财富，牛顿物理学、达尔文进化论等认识物质世界的哲学思维成为过去几百年的主流认知和思维方式。

牛顿以后的几百年时间里，物理学经过了狭义相对论、广义相对论、量子理论、弦论、超弦理论等阶段，将人类对世界的认知空间从牛顿理论的低速、宏观世界，进一步拓展到高速和微观的世界。

与物理学发展同步的，是科学技术和生产力突飞猛进的发展，电能、热能、动能、势能、光能、微观粒子裂变等运动形式的能量转换成为人类财富的来源；光波、声波、电磁波等成就了现代通信和空间探测技术；云计算、人工智能、量子计算、量子传输、量子通信等前沿技术发展迅猛。

如同牛顿物理学曾经奠定那个时代的哲学认识论基础一样，狭义相对论、广义相对论、量子理论、信息论等现代物理学对世界的改造，不仅使人类财富形态发生飞跃性变化，而且理应推动哲学和认识论的同步变化。

然而，由于近现代的学科分类越来越细，社会科学和自然科学隔行如隔山，很少有人能够像科学启蒙时代那样轻而易举地掌握其他自然科学的精髓。因而20世纪以来的物理学连续突破，并没有迅速传播到哲学、社会科学和经济学领域，更没有带来哲学、经济学、价值理论上应有的突破。

如图 3-1 时间轴的下方所示，1900 年，普朗克提出了量子概念，掀开了物理学发展新的一页，随后爱因斯坦于 1905 年提出狭义相对论，1915 年提出广义相对论，1923 年德布罗意提出物质波的理论，1927 年海森堡提出不确定性原理，波恩提出波函数的概率解释，1935 年薛定谔提出猫悖论，1956 年宇称不守恒被发现，之后发生两次超弦革命和量子传输理论起步，物理学发生了突飞猛进的变化，彻底改变了人们对世界的认识。

虽然物理学早已跨越了牛顿时代，但是很多社会哲学及其底层认知和思维方式却一直被"冰冻"于遥远的牛顿时代。

以牛顿力学为代表的经典物理学，以及它背后的一整套世界观、价值观和方法论，对于认识和改造物质世界，曾经是非常行之有效的工具，对那个时代的生物学、生理学、心理学、哲学、经济学等都产生了巨大的影响，依靠这些精准的科学，人类获得了改造自然的巨大力量，取得了工业时代的辉煌成果。因而，随着牛顿物理学大行其道，绝对时空、绝对运动与机械论、决定论和还原论的大厦建筑得无比巍峨，同时奠定了那个时代自然科学和社会科学研究的整个认识论基础——不仅在物理学、化学和生理学中占据了支配地位，在哲学、心理学和经济学领域，人们也都秉持这样的确定性

# 软价值经济学：数字经济时代的底层逻辑

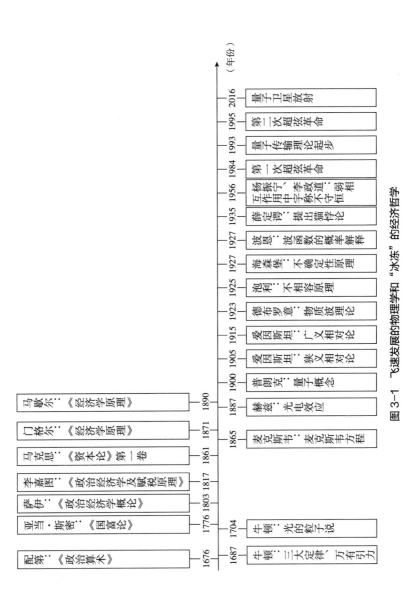

图 3-1 飞速发展的物理学和"冰冻"的经济哲学

思维方式，在绝对时空、绝对运动以及决定论、机械论和还原论思维模式下，寻找各种客观的、绝对的答案。

如图3-1中时间轴的上方所示，为近代经济学奠定基础的经济哲学和价值理论经典著作，主要出现并完成在1890年之前的牛顿经典物理学时代。在这之后的100多年中，虽然经济学本身增加了很多内容，作为经济学底层哲学基础的价值理论却一直没有发展。如今人们还在讲述并沿用亚当·斯密、李嘉图、萨伊等所提出的要素价值论、卡尔·门格尔提出的效用价值论和边际分析方法、马歇尔的供求关系价值理论等牛顿时代的经济哲学和价值理论。①

---

① 也有学者提出，效用价值论和凯恩斯经济学可能受到了量子理论的某种影响。例如北京大学经济学院原院长晏智杰先生就认为，凯恩斯（1883—1946）与量子理论创始人普朗克（1858—1947）是同时代的人，他们甚至在德国柏林的一次聚会上还有过交谈。晏智杰教授在2017年为《软价值：量子时代的财富创造新范式》一书所作序言中就提到，凯恩斯经济学的一个重要特点就是，强调人的主观意识对经济生活波动的重大影响，强调经济生活的不确定性，这与量子理论的观察者效应相吻合。在凯恩斯看来，决定非充分就业的原因在于有效需求不足，而有效需求不足的原因在于存在三大心理规律：边际消费倾向递减规律决定了消费需求不足，边际投资效率递减规律和流动性偏好规律则决定了投资需求不足。这就把市场经济条件下企业家和消费者的主观意识对现实生活判断（观测）的作用提到了首位，认为它们决定着经济生活的趋势和走向。凯恩斯1946年过世后，他的思想被新古典综合学派的萨缪尔森等人所继承。尽管他们不一定提及量子理论这个概念，但是崇尚人的信念和观测的作用，强调社会经济发展的不确定性等观点均被继承下来，并得到进一步发展，形成了所谓的新古典综合学派。可见，马歇尔经济学以后，西方经济学的价值论虽然没有提出新的价值理论，但经济学并没有停滞，而且也并非没有受到量子理论的影响。

可是，在数字经济、文化娱乐经济、知识经济等软价值经济领域，这些要素价值、效用价值、供求关系论并不能很好地解释各种经济现象，甚至还带来各种认识困扰。如果人们的思维仍然被局限在精确执行、因果决定、简单系统的哲学窠臼中，就无法真正理解知识产业、文化娱乐业、高端服务业、研发创意产业、金融业等非物质经济的经济规律，更不可能把握互联网、虚拟现实世界、人工智能等数字经济的巨大机遇。

## 二、量子世界的物质与意识

从亚里士多德到伽利略，人们都相信自己能看到、听到、摸得到的这个世界。然后牛顿出现了，他用精确的数学演算来证明经典力学的三大定律。这三大定律的解释力是如此强大，一度让我们认为宇宙的规律已经被掌握。

然而，当牛顿认为光线是一种连续的小球（微粒流），可以用经典力学的规律来研究时，惠更斯和菲涅耳却发现光是一种波，两束光之间可以出现与水的波纹相似的干涉波纹。当人们将"光是一种波"当作真理时，双缝干涉实验却又发现，光既可以是波，又可以是粒子！

《金刚经》云："佛说微尘众，即非微尘众，是名微尘众。"这种"既是,又不是,又是"的思维方式,在牛顿物理学的世界中,的确是难以理解的,但随着人们对世界的认识越来越深入,原来那种"A 就是 A,A 不是 B"的一元化思维越来越受到挑战。就像爱因斯坦的质能方程所揭示的,世界既是物质的,也是能量的;物质可以转换为能量,能量也可以转换为物质。我们可以说世界是物质构成的,也可以说世界是能量构成的,取决于世界当时的状态。

一旦从宏观、低速的经典物理学世界,进入微观、高速的量子物理学世界,牛顿所总结的运动规律就不适用了,更不再是绝对的真理。根据牛顿物理学,我们可以计算星球的运行速度和位置,但是面对微观粒子,当位置越确定时,它的速度(动量)就越不确定,反之,当微观粒子的速度越确定,它的位置就越不确定。

在双缝干涉实验中,在没有观测的情况下,光子表现为波的形式,通过双缝后出现了干涉条纹;在有观测时,光子表现为粒子的形式,通过双缝后干涉条纹消失了。观察者存在与否,决定了实验结果。

电子究竟是波还是粒子,竟然取决于是否被观测,让波函数从叠加态坍缩成某种确定态的,是观察者。观察者不仅影响了要测量的东西,而且还制造了测量的结果。

如薛定谔方程:

$$H|\psi> = E_1|\psi_1>$$
$$+ E_2|\psi_2>$$
$$\ldots$$
$$+ E_n|\psi_n>$$

其中 H，即 Hamiltonian operator，是哈密顿算符；E 代表能量；$|\psi>$ 代表波函数。可见，一个量子的波函数可以是很多结果的叠加态。

例如，当观测这个波函数 $|\psi_x>$ 时，50% 的概率呈现结果 1，50% 的概率呈现结果 2，即：

观测 $|\psi_x>$ = 50%|结果 1> + 50%|结果 2>

但是，在做出测量之前，我们只能计算每个结果的概率。没有任何方法可以帮助我们得到确切的答案或回推中间发生的过程，因为观测本身就会让量子信息坍缩。

虽然量子理论中的"观察者"，未必与人或"看"的视觉动作有关系，但是在现实生活中，人的"观察"与被观察对象之间的关系，与量子理论的观察行为影响别无二致。

在数字经济、文化娱乐经济、知识经济等信息态经济中，就如同在量子世界，物质不是第一性，意识也不是第二性，并不是物质决定意识，而是物质与意识相互影响、相互作用、相互包含。

## 三、物质-信息融合发展论

唯物主义理论认为"物质第一性,意识第二性"。

用德国哲学家费尔巴哈的话来说:"思维和存在的真实关系只是这样:存在是主体,思维是宾词。思维是从存在而来的,然而存在并不来自思维。"

法国哲学家拉美特里也明确提出:"运动的物质能够产生有生命的生物、有感觉的动物和有理性的人。"

总之,唯物主义者认为,世界的本原是物质,思维和意识都是物质世界的产物和反映,认为所谓"客观"的才是科学的,主观的往往是唯心的、不科学的。

而古希腊哲学家柏拉图则认为,世界是由"理念世界"和"现象世界"组成的,其中"理念世界"是根本的、永恒的,而"现象世界"是人的感官在接触"理念世界"后形成的微弱的影子,是暂时的、不完整的和随时变动的。

德国哲学家黑格尔也认为,"绝对精神"是世界的本原,自然、人类社会和人的精神现象都是"绝对精神"在不同发展阶段中的表现形式。用唯心主义哲学家乔治·贝克莱(George Berkeley)的话来说:"存在就是被感知。"

美国生物科学家罗伯特·兰扎(Robert Lanza)指出,人们的意识创造了宇宙,而不是宇宙创造了人们的意识,时空是"意识工具"。没有意识,所有的物质都会处在一个不确定的状态下。不仅如此,时间不是真的存在,空间也只是人们感知事物的一个概念。任何关于时间和连续性的看法实际上都是一种错觉。①

唯心主义哲学家常常提的问题是,如果森林中的一棵树倒下,但周围没有人听到,那么它是否发出了声音?

在爱因斯坦相信量子理论之前,他也曾与玻尔辩论,"难道天上的月亮是因为地球上的某只老鼠看到它,它才存在吗?"

无论是唯物主义哲学观还是唯心主义理论,都将存在与理念、物质世界与精神世界割裂开来,要求一方服从和从属于另一方,而"物质-信息融合发展论"则认为:

> 宇宙的进化本身就是物质世界和信息世界相互影响、相互促进的结果。虽然人类的意识出现从时间上晚于物质世界,但是这并不意味着信息世界的出现晚于物质世界。物质世界的进化本身就包含着各种物质能量信息,生物的进化包含着DNA等遗传信息。所谓物质和意识的关系,本身就是物质世界和人类信息世界的关系。物质

---

① 朱嘉明. 数字经济与元宇宙 [M]. 北京:中译出版社,2022:102.

和意识（信息）既不是一个从属于另一个，也不是互相割裂和对立的，而是互相推动、互相包含、互相转化的关系。

按照"物质–信息融合发展论"，世界本来就是二元的，唯物论过于强调物质的一面，唯心论过多强调非物质的一面。世界、人体、经济本来都是由物质态和信息态组成的二元平行世界，只是我们以往过于看重其中的"物质态"世界而忽略了"信息态"。如同人体有看得见的骨骼、肉体、血脉，也有看不见的经络、气血、寒热；经济体中有物质财富，也有非物质财富，整个经济是物质态财富和信息态财富的高度融合。只是我们传统上过度重视物质态财富，而忽视信息态财富和软价值创造。

人类对这种关系的认识，也经历了漫长的过程，在前科学时代，尤其是神学时代，唯心论影响较大。在科学时代初期，尤其是牛顿物理学和达尔文进化论的鼎盛时期，唯物主义论盛极一时。在量子理论问世之后，尤其是随着信息世界的不断发展壮大，越来越多的科学家、哲学家开始理解并接受量子理论所揭示的客体（物质态）与观察者（信息态）之间的关系。

今天，我们提出的"物质–信息融合发展论"，既与自然科学的前沿发现相吻合，也与中国的传统哲学高度吻合。就像太极图的阴阳八卦一样，阴中有阳，阳中有阴，阴和阳是互相产生、互相转化，互为其根。物质与信息、虚与实之间，不是对立的，更不是非此即彼的，而是互相依存的。

"物质-信息融合发展论"与法国哲学家笛卡儿的"心物二元论"不同，笛卡儿将世界分为物质实体和精神实体两个方面，二者是彼此独立、互不干涉的。而"物质-信息融合发展论"则认为，物质态和信息态互相促进、互相包容，密不可分；物质和能量、物质态与信息态、硬价值与软价值，相互促进、融合发展。

## 第二节　软价值经济的主观与客观

"如果森林中的一棵树倒下,但周围没有人听到,那它是否发出了声音?"这个问题在物质世界永远是充满争议的,然而在软价值经济中,答案却毋庸置疑。一款软件如果没有人使用,一部电影如果没有人看,一首歌如果没有人听,它的软价值自然归零。

### 一、软价值经济不是纯客观的世界

在唯物主义论看来,"客观"不仅意味着正确、科学,甚至还意味着公正、不偏不倚。人们常说客观公正,意思是主观就不公正;人们又说客观现实,意思是一旦掺杂主观,就会脱离现实。总之,科学的主要任务是探索客观现实,而主观世界不但不是研究的对象,而且还被认为是客观世界的附属产物,常常意味着认识偏差。

然而,在数字经济、知识产业、文化娱乐产业、研发创意产业、金融资本市场等软价值经济领域,这些事物本身就是人类主观世界所创造的,如果把唯物主义关于主观和客观的关系应用到以上软价值经济领域,常常会颠倒因果,甚至南辕北辙。

在软价值经济中,各种产品的软价值创造即便在供给端,也不来自客观世界,而是来自主观世界的创新思维;而在需求端,消费者的主观感受也是价值创造的重要力量。每一款爆款游戏或影视、音乐作品,都因大量的用户、玩家、观众、粉丝的参与被推上软价值的王座,这些用户、玩家、观众、粉丝的参与、点评和叙事,就是软价值的源泉。

## 二、软价值经济与观察者效应

在很多传统的哲学中,观察者的认知和观察行为不会对客体运动产生影响。这种观点实际上还停留在法国哲学家笛卡儿的"心物二元论"的阶段,笛卡儿将世界分为物质实体和精神实体两个方面,二者是彼此独立、互不干涉的。

信息世界中,尤其是数字经济和虚拟现实世界,物理特征不是客观、固定的,而是与观察者和观察行为相关。

就像在量子力学的双缝干涉实验中,电子究竟是波还是粒子,竟然取决于是否被观测,让波函数从叠加态坍缩成某种确定态的,是观察者,观察者不仅影响了要测量的东西,还制造了测量的结果。

三国时期,蜀汉将领魏延骁勇善战、有勇有谋,但被诸葛亮断定"魏延脑后有反骨,日后必反",那么魏延谋反,是真的因为魏延脑后有反骨才谋反,还是因为诸葛亮认定魏延必反,故而处处压制,才逼得魏延不得不造反夺权?如果没有诸葛亮的主观判断,让魏延得以重用,那么会不会有完全不同的结果呢?所以后来也有了"魏延之乱,始于诸葛"的说法。诸葛亮对魏延的这个"观测结论"在很大程度上影响或改变了魏延的行为。

心理学把这种在被赋予更高期望(或更低期望)以后,而表现得更好(或更糟糕)的观察者现象,称为"皮格马利翁效应"。这个命名源于一个古希腊神话故事。一位名叫皮格马利翁的雕刻家,他爱上了自己雕刻出来的一尊女神雕像,每天都与雕像交流对话,后来雕像变成了一位真正的女神。

在软价值经济中,"皮格马利翁效应"或"观察者效应"几乎随时都可以发生。比如在教育领域,家长和老师怎么对待孩子,孩子就会有相应的成长趋势。有人用 AI 驱动和虚拟数字人技术"复活"了在华语歌坛深受欢迎的已故歌星邓丽君,请她与现实世界的歌星深情对唱;在数字平行世界,到处都是人们用主观想象力创造的人、物、场景。软价值经济,本质上就是人们用主观思维来创造和改变世界。

## 第三节　软价值的相对性原理

在物质世界，牛顿定义了绝对空间、绝对时间、绝对运动；而在微观、高速世界，就如同爱因斯坦相对论所揭示的，空间是相对的、时间是相对的、运动也是相对的；在软价值经济中，尤其是数字经济世界，一切都是相对的。

### 一、时间、空间和运动都是相对的

有一个经典的相对论案例，警官驾车追逐光线。在常见的警察驾车追逐超速车辆的场景中，如果把超速车辆换成光线，而且假设警官的速度能够追上光线并与之并驾齐驱，作为旁观者的我们会发现，警官一直在跟着光线运动，几乎和光线一样快。但是如果我们询问警官的话，他会告诉我们，他根本就没有追上光线,而是光线从他身边以光速逃开。

这就是相对论所描述的相对性和参照系的道理。在宇宙的不同地方,时间的速率不同,时间的速率取决于我们运动的速率。我们运动的速度越快,时间就越慢。当我们看到警察与光线同步时,如果警察戴了一块手表,他的手表将接近停止,不仅如此,他的大脑思维也会变慢。他和他驾驶的车辆,会在光线运动的方向上被压缩到非常短的长度,如果我们看到这个场景会大声呼叫,觉得他们的骨头都被压碎了。但实际上,无论警官还是车辆,一点儿问题都没有,因为构成他们的原子,也同样被压缩了。

随着车子慢慢停下来,车辆和警官的长度又慢慢地恢复到我们正常观察到的长度。同样地,如果警官能看到我们的话,他会发现这些旁观者的时间在变慢,长度被压缩,那么到底谁被压缩了?根据相对论,如果不设定参照物,这是无法说清的,因为长度、时间的概念都不是绝对的。[①]

面对速度组合定律与光速恒定的难以调和的矛盾,爱因斯坦否定了绝对时间、绝对参照系、绝对运动,揭示了物理世界一系列的相对性,让物理学跨越了从绝对到相对的理论鸿沟。同样地,哲学如果能够摆脱绝对化的条框,建立从绝

---

① 加来道雄.爱因斯坦的宇宙[M].徐彬,译.长沙:湖南科学技术出版社,2006.

对到相对的思维天梯，会不会提供另外一种认识世界的视角和方式？

## 二、软价值经济的相对性

蜜蜂看不见波长比黄光还长的光，却对紫外线很敏感，因而，如果蜜蜂看到普通人眼中的白色，可能会以为是紫色。所以，不仅不同参照系中同样信息态产品的价值是相对的，而且在同一参照系中，不同观察者对同样的信息产品的主观感受本身也是相对的。

在物质世界中，地理阻隔、政治制度、法律法规、语言文字、文化风俗习惯、货币体系是最基本的参照系，将世界分割成了不同的国家和地区，每一个国家和地区的经济活动都是一个独立的生态和参照系。在不同的经济生态和参照系中，同样的房屋、服务、商品的经济价值会有很大差异。虽然经济全球化和国际贸易使商品在各国的价值差异逐渐缩小，但是房屋、服务等非贸易品的定价还是要取决于它所在的参照系本身。

在软价值经济中，参照系与现实世界既有联系又有区别。在一定程度上，信息世界中的参照系可以跨越地理阻隔的界限，但这种跨越也并不完全彻底，政治制度、法律法规、语言文化、风俗习惯、货币体系等因素的影响仍然存在。

国家的政治和法律对数字经济的发展有决定性的作用。例如美国等国家允许加密货币发展，萨尔瓦多甚至将比特币确定为官方货币，但是在中国等国家则不允许加密货币交易。这样，现实世界的参照系差异就延伸到数字平行世界。

语言在很大程度上决定了数字经济的市场边界。罗布乐思（Roblox）在美国有5 000多万用户，而在中国，用户则屈指可数，其主要影响参数就是语言、文化。尽管很多软件、游戏等提供了不同的语言版本，或者可以通过翻译软件转换参数，但是这仍然构成不同生态、参照系的参数差异。

此外，文化、风俗、习惯也是构成软价值经济的重要参数，很多软价值产品的边界都是文化、风俗和习惯的边界。例如以三国故事为背景的电子游戏，只能吸引中国、日本、韩国等亚洲文化圈的用户参与。

## 第四节 软价值经济的不确定性

牛顿在投资南海公司股票失利后,不得不感叹:"我能计算出天体运行的轨迹,却难以预料人性的疯狂。"爱因斯坦曾经长期纠缠在欧几里得数学方法中而无法证明其科学设想,直到他找到黎曼函数后,才成功地完成了广义相对论。显然,如果选择了错误的哲学认识论或错误的计算工具,连牛顿和爱因斯坦这样伟大的科学家也无法得出正确的结论。在软价值经济中,如果我们处处都用确定性思维来理解这个不确定的世界,那么一定会陷入迷惑和困境。

### 一、告别牛顿物理世界的确定性思维

牛顿力学带来的决定论思想认为,所有的事件发生都有

其确定的原因，而所有的事件也都将导致确定的结果，就像月亮面对海水时一定会引起涨潮一样。因此世界是一个"因果巨链"，从过去到未来，每一环都已经被决定了。如果给出宇宙诞生时的初始条件，再给定事物发生发展的过程函数，那么从过去到未来的一切都已经被决定了。"在宇宙大爆炸的那一瞬间，就决定了你的一生将如何度过，以及你今晚将在哪个餐厅、和什么人一起共进晚餐！"在牛顿的物理世界中，上帝仿佛是个钟表匠，他所创造的世界就像一个永远不出差错的钟表一样准确地运行。

但世界发展的实际情况并非如此，就像爱因斯坦先质疑、后发现的那样，上帝不但不是个"钟表匠"，而且他还常常"掷骰子"。软价值经济，更不是由一系列因果决定的一条巨链，一个原因可能导致若干种结果，这几种结果会以某种概率出现。

软价值经济的主要财富是信息态财富，其创造软价值的源泉是人的创新思维。在软价值经济中，世界不再是一个精确运行的钟表，有时候一个微小的扰动可能带来巨大的改变，但还有很多时候付出很多的努力却未必带来预期的结果。在这样的经济体中，如果按照机械论的思维方式，会使管理措施失效，会使产品开发和内容创作失败。

实际上，不仅决定论、机械论的思维不适用于数字经济领域,而且太机械、太确定性的思维方式都不太适用于研发创意、文化娱乐、信息传媒、知识教育等由人的创新思维决定的领域,不确定性是软价值经济的常态。

## 二、不确定性原理

在宏观、低速的牛顿世界里,物体的运动是有明确轨迹的。在每一个具体的时间点上,物体的位置都是一个明确的点,无论是实验室的一个小球、路上跑的一辆车、天上的一架飞机,乃至宇宙中的星球天体,只要给出了初始条件,都能够按照牛顿的力学定律计算出其在某个特定时间的位置。一个数字要么是0,要么是1,但不能既是0又是1。同样地,一种颜色要么是红色,要么是绿色,但不能既是红色又是绿色。

而在微观高速的量子世界里,物质的状态不再是确定的,可能是波也可能是粒子,也可能又是波又是粒子。

不确定性原理在著名的海森堡不等式方程中是这样的:在量子世界中每一个量子实体都拥有$p$、$q$这两个参数,即共轭变量,当$p$是电子动量,$q$是电子位置时,测量$p$、$q$的误差乘积必定会大于某个常数。两个变量虽然同时存在,但不可能在同一时间测量出两个变量各自精确的值。

爱因斯坦在最终相信量子理论之前，一度不相信以玻尔为首的哥本哈根学派的概率解释，也不认为世界会依赖于什么随机选择。在与玻尔的辩论中，爱因斯坦本想用"光箱实验"[①]来证明量子理论内在的矛盾，但由于忽略了红移效应[②]，即时间的快慢会受到距离的影响，反而成了海森堡测不准关系的最好证明。[③] 上帝真的掷骰子，具体骰子哪面朝上完全是概率问题，"薛定谔的猫"的生与死是概率问题，双峰干涉实验中电子在背景板上的位置是概率问题，人类的认知和判断也是一种概率问题。

## 三、软价值经济的不确定性

工业革命以后，人类眼中的世界变得越来越确定。在煤炭等化石能源的帮助下，工业生产按照牛顿力学和化学等规律发展起来。只要按照正确的技术安装和操作设备，就能够将棉花源源不断地变成棉纱，将矿石连续地变成钢铁；只要

---

① 箱子中有若干个光子，设置一个快门，让光子一个一个飞出箱子，如果用弹簧秤测量箱子飞出一个光子后所减轻的质量，那么根据相对论的质能方程 $E=mc^2$，则可以测出箱子减少的能量。即 $\Delta t$ 和 $\Delta E$ 都确定，也就是海森堡 $\Delta t \times \Delta E > h$ 不成立。

② 红移效应，即当一个波源离你远去时，你接收到它的波长变长的现象。

③ 在测量箱子减少的质量时，假设箱子的位移是 $\Delta q$，根据红移效应，时间的快慢也随之变化，$\Delta T$，也就是 $\Delta T > h/\Delta mc^2$，代入 $E=mc^2$，则 $\Delta T \times \Delta E > h$。

投入土地、资金、技术和原料，新的工厂就能在一定的时间内建设成功。

传统的经济学理论也是建立在确定性基础上的。沿着确定性向右下方倾斜的需求曲线，如果冰激凌的价格上涨，那么需求量就将下降。宏观分析基本上也是建立在确定性的基础上，投资增加将使 IS 曲线向右移动，利率上升将使 LM 曲线向左移动，等等。

到了工业社会后期，在科研、文化产品等领域，研发创意的不确定性越来越高，例如医药企业想要开发一种新药，可能花很多钱，但很长时间都没有结果；一位作家写了几十万字，可能只是一部失败之作；而在影视、游戏等领域，成功之作的概率就更小了。

在软价值经济中，人类创新思维本身就是各种信息元素的不确定性组合，因而软价值创造的不确定性越来越高。

比如，无论是虚拟现实技术的研发、人工智能驱动的虚拟数字人的创作，还是文学艺术的内容创作、制造业的研发创意等，不确定性都很高，需求也是抽象而多变的。

在著名的游戏在线发布平台 Steam 上，2021 年有 11 949 款新游戏发布，但真正得到广泛传播并被玩家熟知的游戏不超过 100 款，成为爆款的不超过 10 款，其余游戏都默默无闻地在服务器里"沉睡"。如果有人玩过里面所有的游戏，一定会发现其中有不少是质量上乘之作，而这些游戏没有成为爆款的原因，其实是不确定的。

在软价值经济中，几乎每个领域都会有同样的现象——大量的人投入了大量的时间和资金，最终成功的只是少数。我们可以在事件结束后找出其成功的所谓"必然原因"，但是其走向成功的过程其实是不确定的，有时候微小差异可能引发悬殊的结果。

例如有两个同样类型的元宇宙项目，元宇宙项目 B 出现稍微晚了几个月，但其内部的场景、体验与世界观 A 基本一样，在某些方面可能还略胜一筹，但就是因为开发和推向市场晚了几个月，导致选择元宇宙项目 A 的用户稍多。这一点差距很快就会被放大，元宇宙项目 A 的用户越多，后来者就越有可能选择元宇宙项目 A，因为他的同学、好友已经在这里，同时在这里也能够找到更多的陌生玩家交流，结果就是两个没有明显差异的元宇宙项目，最终一个成为头部，另一个沦为长尾，而造成这个结果的，可能只是最初的一点点差异。

总之，与农业和工业在物质世界创造财富不同，数字经济、文化娱乐、知识产业等软价值经济都是在不确定性的世界创造价值，虽然软价值经济的不确定性比农业和工业经济不知道要高多少倍，但也正是这样充满着不确定性的价值创造方式，或将给人类未来带来无限的可能和更多的机遇。

## 第五节　软价值经济的因果与相关关系

在牛顿世界，任何一种现象或事物都必然有其原因，任何一种原因必然造成特定的结果。而在信息世界和软价值经济中，概率思维取代了线性思维，因果关系也不再是"单行线"。

### 一、软价值运动的因果关系，"神"预测为什么会错

某一年，"神"发布了对当年中国股市指数的最高点位，预测最高可以涨到 6 000 点。人们当然相信"神"的预测，于是疯狂买入股票并赚取了丰厚的收益。

可是中国的资本市场是个十分"内卷"的市场，尤其是资金量比较大的机构投资者，他们认为自己庞大的资金不可

能在6 000点那一瞬间卖出所有股票。所以基于对"神"的6 000点预测的信任，经过认真讨论后，该机构决定从5 500点时开始逐步卖出股票。

可是在这家机构计划在5 500点时卖出股票的时候，其他类似的机构也提前做出了相似的决策。这些机构的计划一传开，市场上更多机构纷纷决定抢在别人之前卖出，有的决定在5 400点时卖出，有的决定在5 300点时卖出，有的决定在5 200点时就开始卖出……结果，市场刚刚涨到5 000点时，这些机构就开始疯狂卖出，散户投资者也纷纷获利了结，5 000点成为那一轮行情的最高点。

于是，全市场开始对"神"口诛笔伐，认为他之前预测6 000点是错误的。而之前正好有个错误预测，认为当年股市最高会涨到5 000点，市场于是纷纷认为这个错误预测者才是"神"，而预测6 000点的那位"神"，被市场当成了错误预测。

显然，"神"的预测本来是正确的结果，可是这个"结果"改变了投资者的行为，"果"变成机构提前卖出的"因"，而机构卖出本来的"因"又制造了新的"结果"。在这个股市预测的"因果逆转"案例中，无论是时间的结果，还是空间的结果，都被改变。

类似的现象，不止发生在金融市场，在所有形态的软价值经济中都非常普遍，任何被预测的结果，都会反过来改变人们的行为，并制造一个新的结果。

## 二、从因果关系、量子纠缠到相关性分析

原因发生在前，而结果出现在后，两者之间有着逻辑上的必然联系，这是传统的因果决定论。可是在微观高速运动的信息世界里，尤其在特定的量子过程中，事件有时候不会按照某一个确定的顺序发生，而是同时按照两个不同的顺序（A 在 B 前面，A 也在 B 后面）发生。这种反直觉的现象被称为"因果不可分离性"（causal nonseparability）。简单地说，在信息态世界里，因和果是可以同时存在、互相转变的，甚至因果互逆。

已经被大众所熟知的量子纠缠态，也是这种情况。两个处于纠缠态的粒子，当其中一个的状态改变时，另一个粒子的状态同时（注意是"同时"，而不是"马上"或者"瞬间"）也改变了，这种同时的变化，和我们以往所知道的因果分明的前后时间序列完全不同，你不能说这个改变是那个改变的原因，同样反过来也不成立。

在资本市场，"到底是投资者的信心带来了增量资金，还是增量资金带来了信心"之类的争论永远没有结果。有了资

金就有市场信心，有了市场信心也会带来新的资金。上涨本身常常成为上涨的理由，下跌本身常常加速了下跌。对于很多奢侈品来说，到底是因为奢华才价格高，还是因为价格足够高，才显得奢华？显然，在软价值经济的世界里，不但很多变化都是互为因果，甚至有时候因果关系根本就是完全纠缠不清的。

由于发现人们执着追求的因果关系可能根本就不存在，所以在数字经济、金融市场等软价值经济实践中，人们早已开始用"相关性分析"取代对因果关系的探究。无论是金融市场的量化投资，还是数字经济的大数据、算法分析，都不注重甚至放弃因果分析，而是更注重从海量数据中发现各种相关性关系，并根据这种相关性关系直接采取行动。

## 第六节　软价值经济的变化是量子跃迁式的

在数字经济为代表的软价值经济中,价值创造常常是不连续的,是量子跃迁式的;价值的变化也是不连续的,是量子跃迁式的。

### 一、软价值经济的变化是不连续的

在软价值经济中,艺术家、科研人员的灵感,就像作曲家脑海中突然涌入的一段旋律。科研人员灵光一闪的发明、发现,都是人们的思维和意识从一个能量级跃迁到另一个能量级的过程。思维和意识的变化不像高速公路上行驶的机动汽车,而是量子车,人们感受不到加速或减速,灵光一闪的改变都是在瞬间完成。

在软价值经济中，不仅软价值创造过程是不连续的，软价值的变化和波动也一样，可能在短时间内出现爆发式增长，也可能在短时间内断崖式衰落。比如在文物市场、艺术品市场、唱片市场，常常因为偶然因素引发人们的心理感受出现变化，进而引起软价值的巨大波动。这种像量子跃迁一样的价值变化的主要原因，通常既有参照系参数变化的原因，也有主观世界认知波动的原因，还有潮流、风尚、认知、情感、情绪对叙事体验的影响，等等。

又比如在数字经济中，一篇公众号文章的阅读量在几分钟之内就能超过 10 万，一款软件的活跃用户数在几个月内就能增长到几千万甚至上亿；在金融的世界中，股票、外汇的价格会因为突发事件或消息而暴跌；在娱乐业，成功的电影、小说会在很短的时间内风行一时，也可能很快就会从人们的生活中销声匿迹。无论是参与群体的突然放大或缩小，还是相关叙事体验的突变，都会造成软价值的跳跃性变化。

## 二、软价值的量子跃迁的原理

软价值经济的本质是人类主体信息的平行世界，人的思维和意识是软价值的源泉，而思维和意识的改变就如同量子跃迁，一个发明、一个创意、一个算法、一个思路，其出现、爆发、变化的特点就是不连续性，如果用图形来表示，就与量子世界的能量跃迁非常相似（见图3-2）。

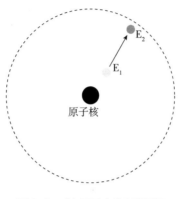

图3-2 玻尔原子中的电子跃迁

在物质世界里，各种物理变量都是连续的，长度、速度可以无限细分下去，时间和变化也都是连续的，因而遵循"变化是连续的、从质变到量变、从量变到质变"的变化逻辑。

而在量子世界、信息世界里，粒子的角动量、自旋、电荷等都表现出不连续的量子化现象。例如原子中的电子分布在不同的电子层上，携带不同级别的能量，当他们在不同的电子层之间移动时，就会吸收或者放出能量，而这个能量的大小是不连续的，也就是"量子化"的：只能分成"一层""二层""三层"等。在每两层之间，都是电子的禁区。就像一个人可以站在梯子的任何一级台阶上，但却不能落脚在两级台阶之间。量子本身也是不连续的,它代表的就是一份一份的能量,用来表示辐射能量的变化不是连续的,只能取能量基本单位的整数倍。玻尔发现,有一种非常奇怪的现象与电子的量子跃迁相关联:在跃迁过程中无法说出电子究竟在哪里。轨道之间、能量层次之间的过渡只能是即时发生的。否则的话,当电子从一个轨道迁移到另一个轨道的时候,它应该能连续辐射出能量。在玻尔的原子中,电子不可以占据轨道与轨道之间的空间。它就像变魔术一样,在一个轨道上消失的同时,就在另一个轨道上出现了。

"量子跃迁会发生在每一个星球、每一个星系、宇宙中的每一个偏僻的角落,每次量子跃迁都会将我们地球上的世界分裂成无数个自我复制品。"平行世界理论之父埃弗莱特这样描述物理学世界。

非连续、量子跃迁式的变化,让数字经济的财富增长速度远远超过农业经济、工业经济那样的线性增长,数字经济巨头们在十年内创造和积累的财富远远超过传统工业巨头百年的成果,反之亦然。在文化娱乐产业、研发创意产业、金融产业等软价值经济中,软价值的每一次量子跃迁式的变化,都关乎相关产业的兴衰,造成财富波动。

第四章

**软价值创造原理**

当人类发现了动物和植物的繁殖生长规律,就有了农业革命;当人类发现了物质的构成、物质和能量的转换规律,就有了工业革命;软价值经济时代,人们要掌握哪些基本规律,才能带来更大的产业革命和财富增长呢?

# 第一节 从生产函数、创新函数到软价值函数

世界是物质-信息二元融合世界,经济价值是硬价值和软价值的融合。物质世界的价值创造可以用生产函数的描述,而软价值的创造原理则与物质世界的生产函数有所不同。

## 一、数据要素的特殊性与一般性,可否进入生产函数

世界是物质-信息二元世界,即使在软价值经济中,也离不开能源和硬件基础设施。数字经济离不开通信基站、服务器、智能手机、MR 眼镜、云计算、边缘计算、数据中心、存储芯片、CPU、GPU、3D 引擎、物联网等基础设施;教育培训产业,离不开教室、各种教学设备和电力;文化娱乐产

业,也不可能没有舞台、灯光、道具设备。

这些物质基础设施的生产,仍然遵循生产函数:

$$Y = A \cdot f(L, K, N, E)$$

式中,$Y$代表产出,$A$代表技术,$L$、$K$、$N$、$E$,分别代表投入的劳动、资本、土地、企业家才能,$f$是一个表示这些投入如何结合起来形成产出的函数。

最近几年,由于中国政府对数字经济高度重视,尤其重视数据要素,并发布了《中共中央 国务院关于构建数据基础制度更好发挥数据要素作用的意见》,简称"数据二十条"。所以有学者提出,随着数字经济时代的到来,是否应该把数据作为新的生产要素,加入一般生产函数中?这样是否科学呢?

首先,数据并不像土地、劳动、资本、技术、企业家才能一样,它不是所有物质财富生产所必需的,而只是部分信息态财富,如数字经济的生产要素。如果把数据直接作为一般性生产函数的第六要素,恐怕会影响生产函数的通用性。

其次,数据的投入和数字经济的产出关系,可能不同于前述生产函数所表示的线性相关关系或递增、递减的相关关系,而是不确定的概率关系。

最后,数据同其他形式的信息元素一样,实际上是软价值创造的信息元素之一。数据、算法、程序都是数字经济的生产要素；语言、文字、史诗、故事、神话是文学创作的生产要素；音符、歌谣、色彩、图像、IP等则是音乐、舞蹈、音视频等娱乐经济的生产要素。

所以，数据虽然是生产要素，但只是数字经济的特殊生产要素。同时，数据作为生产要素，也只是软价值创造的若干种信息元素之一，而不是与土地、劳动、资本、企业家才能等并列的一般生产要素。

## 二、软价值创造不仅发生在生产端，而且还发生在消费端

为什么不能直接套用生产函数，简单增加几个生产要素，来解释信息态财富的价值创造呢？因为软价值创造不仅发生在生产端（供给侧），还可以发生在消费端（需求侧）。

物质态产品的价值创造主要是在生产端，一旦生产完成了，价值创造过程就基本结束了，与参与群体无关；对信息态产品而言，产品开发和创作虽然重要，但是能否创造足够大的参与群体，则是决定不同软价值的关键。一个互联网软件、一出京剧、一场欧美的歌剧，在创作完成后，其价值创造之旅才刚刚开始。

为什么共享单车、互联网约车、美团、饿了么等软件在

产品创立之后,都依靠风险投资,用疯狂砸钱的方式来吸引参与者?因为软件开发只是第一步,如果没有人参与,其软价值就可能归零。腾讯微博只比新浪微博晚推出8个月,产品质量不相上下,但是因为不能及时吸引到同样的参与群体,其软价值创造就是失败的。

大部分游戏类产品、文化艺术品也一样,我来玩是因为你来玩,你来玩是因为他来玩。这些在消费端、需求侧创造的软价值,怎么可能用生产函数来表达呢?生产函数诞生的时候,人们还认为所有的价值创造都只能在生产端、供给侧完成,还没有发现需求侧、参与者的软价值创造原理。

除了参与群体,在需求侧还有一个更大的软价值创造变量——叙事体验。比如一件艺术品、一本书、一场电影,其软价值在很大程度上取决于专家或大众的点评。人们有时候是在欣赏艺术品本身,有时候则从专家或大众点评中获得不一样的叙事体验。而专家或大众的点评,有时候会直接影响参与群体的规模,甚至可能直接提升产品的价值。

就凡·高的画而言,其价值从零到上亿美元,造成其软价值改变的不是产品本身的变化,而是数不清的专家点评、相关叙事,以及上百年文化潮流的变化。站在凡·高的画作《向日葵》前,有多少人真正在观察色彩的调配,又有多少人在体验、交流与这幅画相关的各种叙事呢?

数字经济的本质是信息平行世界，在这里，时空是相对的，文化潮流也是变化的，且人们本来就是为了追求体验而来，因而不同时空和文化背景下的叙事空间很大，叙事体验的创造空间很大。而这一切，都发生在产品生产过程之外，发生在需求侧、消费端，根本不是生产函数所能涵盖的。

## 三、软价值函数

如果用 $Y1$ 代表软价值经济的物质价值部分，用 $Vs$ 代表信息态的软价值部分，则生产函数变为：

$$Y=Y1+Vs,$$

数据即便作为生产要素，也应该主要出现在 $Vs$——软价值函数这部分。

在信息态财富的软价值创造中，软价值创造的核心要素是人的创新思维、参与群体和叙事体验。

考虑到软价值的创造过程超出了生产过程，延伸到需求侧、消费端，我在2017年出版的《软价值：量子时代的财富创造新范式》一书中，提出了"软价值函数"[①]，基本结构如下：

---

[①] 在2017出版的《软价值：量子时代的财富创造新范式》中，软价值方程（函数）：$V = C \cdot N^m$，本书对代表字母做了调整，基本结构和含义一样。

$$Vs = I \cdot N^m$$

$I$代表创新思维；$N$代表参与群体；$m$代表叙事体验。

关于创新思维原理、参与群体原理、叙事体验原理，我们后面再单独阐述，在这里需要特别说明的是，为什么叙事体验$m$要在指数位置？叙事体验$m$，是指产品物理功能之外的相关叙事所引发的参与者心理感受和产品的软价值变化。只有当$m>1$时，才能为软价值创造发挥正向的作用；当$m<1$时，它对软价值的影响是负面的——无论是正面，还是负面，其影响都是指数级别的。

在物质信息融合论基础上，新的通用生产函数，是一个方程组：

$$Y = Y1 + Vs,$$
$$Y1 = A \cdot f(L, K, N, E),$$
$$Vs = I \cdot N^m,$$
$$Y = A \cdot f(L, K, N, E) + I \cdot N^m$$

上述通用生产函数告诉我们，既要重视物质财富的生产，也要重视非物质经济的软价值创造；生产函数反映物质财富创造规律，软价值函数揭示由创新思维、参与群体、叙事体验共同决定的非物质经济的价值创造规律。

## 第二节 创新函数

人的创新思维,本质上是一种复杂的信息组合、加工、创造过程。优美的音乐或美术作品、流芳百世的文章和演讲、揭示大自然秘密的数学公式、各种数字经济产品,都是创新思维的结晶。

### 一、信息元素:创新思维的原材料

创新思维,从生物学上来讲,其本质是不规则、不连续、不确定的人脑神经元放电过程;从结构上来讲,是一种非线性、非平面、非中心化的神经元弱连接结构;从物理学上来讲,则是各种信息元素在人脑中输入、选择、叠加、排列组合、输出过程……现有的以 ChatGPT 为代表的人工智能大模型，都是属于模拟人类神经网络结构的计算机模型，但是人类的创新思维能力，迄今为止还不能够完全被计算机模仿。

创新思维活动并非凭空思考或想象，它需要"原材料"——信息元素。

J. K. 罗琳创作哈利·波特的故事，很多灵感和想象都源自《圣经》、希腊神话等西方文学素材；咨询公司在提供咨询服务时，离不开波士顿矩阵、波特五力模型、价值链等分析工具；华尔街的金融从业者从事金融产品交易，凭借的是信息、交易模型；谷歌、阿里巴巴等互联网企业的价值创造，靠的是数据、算法、程序……所有这些语言、文字、文学素材、色彩、旋律、数据、程序、模型，都是信息态财富软价值创造的基本元素，我们称之为"信息元素"。

物质财富有增长的极限，因为可耕地、石油、煤炭、天然气、矿石等自然资源都是排他性的、消耗性的，甚至是边际产出递减的。而在信息世界中，作为软价值创造基础的信息元素，是非消耗性、非排他性、非边际递减的，这与自然资源"使用即消耗"的特点有所不同，从供给端打开了软价值创造的上限。

## 二、"创意者灵感概率"：有效信息组合的概率

有人用 10 亿个神经元来描述人脑的构成，也有人用 60 亿个"信息比特"来定义一个人，其实从信息和软价值创造的视角，人和人脑创造力的根本特征并不是这些静态的组成，而是神经元链接方式在思维创造过程中所调动的信息元素数量、相关的感情和情绪投入。

各种信息元素在人脑中都可以被视为不同频率的波，当它们组合起来就形成了波动的复杂叠加，其频率也不再是单个信息元素的频率，而是各类不同的信息元素叠加后复杂波的频率。这种人脑信息元素复杂波动的频率，其出现的概率不遵循时间和各种线性逻辑，但却符合更深层次的概率分布关系，因而对应着产生有效信息元素组合的概率。

任何信息都有自己的频率，任何一个信息态产品，无论是一首诗、一幅画，还是一个软件、一个虚拟现实世界场景、一件 AIGC 作品，其本质都是若干信息元素的组合。诗是词汇的组合，画是线条和颜色的组合，软件是代码、函数、算法的组合，平台则是不同场景、规则、人、物等信息编码的组合……每一个有效的新算法、新创意、新技术，它的出现都是创造者在长期的信息元素积累之后的某种频率共振和灵光一闪式的突破。

从人脑信息元素的积累、依托神经网络中神经元的不同链接方式和频率共振,到产生有效信息组合的概率,我们称之为"创意者灵感概率"。

简化的神经网络结构和复杂的神经网络结构(见图4-1),都揭示了同样的原理:就是从神经网络的左侧信号输入,到右侧的信号输出,中间是无数次的组合、判断、选择,最后输出结果。可见,灵感概率是人脑神经网络反复尝试千百种信息组合后的选择结果,是个小概率事件。

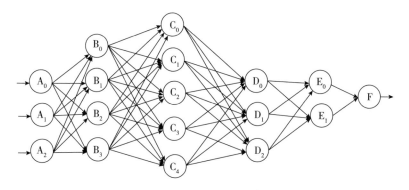

图4-1 神经网络原理图

正因为灵感概率是个小概率事件,因此不论是产品研发、创新创意、歌曲创作,还是虚拟现实世界的平台创造、技术创新、内容创作,都有80%的失败概率和20%的成功概率,甚至99%的失败概率与1%的成功概率。这是软价值创造最基本的投入与产出关系。

## 三、技术背景与创新环境

如同物质产品的生产函数离不开一定的技术背景一样,所有创新思维的产生也是在一定技术条件下的创造。如今的中小学生都可以在简单培训后用计算机编写一段程序,而100年前的数学天才却做不到,所以技术是创新思维产生的前提和外生变量。

与技术类似,创新思维的产生还需要一定的创新环境,比如法律环境、政策环境、人才环境,以及企业或科研机构内部的创新氛围。宽松的环境和适当的信号刺激是提高研发、创作效率的重要因素,我们称之为"创新环境",特指让研发、设计、创意人员拥有更好的灵感、更兴奋的状态,能够激发创新思维的环境。创新环境是影响软价值创造概率的重要因素,也是提高投入产出成功概率的重要方面。

并不是每个企业都可以选择到硅谷这样拥有良好创新环境的地方去创业,每个企业内部的创新氛围也很难在短期内改变。因此,对于创新思维而言,创新环境和技术条件一样,大部分情况下是外生变量,或者在特定时点是一个常数。

## 四、创新函数

由于每个人的大脑神经元的结构和链接方式不同，积累的信息元素也不同，各种信息元素在人脑中的叠加和组合方式更不同，可以构成无数种排列组合方式，因此只有特定的人在特定环境、特定的信号刺激下，脑中形成一个新的信息元素的有效组合，才意味着创新思维出现了。

就创新思维而言，无论是诗人、画家、音乐家，还是程序员、科研人员，其创作或研发工作中，创新思维的成本投入和软价值产出关系，既不是线性函数，也不是边际递增或递减的函数关系，而是高度不确定的概率关系。

我们首先引入创新函数：

$I = A \cdot \varepsilon \cdot f(L_{effective}, K, i, E)$

$L_{effective} = \int L \cdot P\% \, dt$

其中，$I$（innovation）代表创新思维。A仍然代表技术系数。ε代表创新环境系数，指宏观的创新环境和企业内部的微观创新氛围。$L$代表劳动，$L_{effective}$指有效创意劳动，与传统生产函数中的劳动时间与产出成正比不同，在软价值创造过程中的大部分劳动投入是无效投入，只有少部分劳动才是有效创意劳动。$P\%$代表创意者灵感概率，由于每个时间点的劳动投入产生有效创意的概率$P\%$是不一样的，所以，我

们用积分 $\int L \cdot P\% \, dt$ 代表研发团队总的劳动投入中的有效创意。$K$ 仍然代表资本。$E$ 仍然代表企业家才能。$i$ 代表信息元素。包括知识教育产业的语言、文字、字母、经典著作、文献档案、教材；也包括文化娱乐产业的史诗、故事、神话、音符、歌谣、舞蹈、IP；还包括信息产业的数据、算法、程序、软件等。$f$ 是一个表示这些投入如何结合起来形成产出的函数。

可见，创新函数虽然与物质产品的生产函数相似，但本质上是个概率方程。在创新函数中，信息元素取代了生产函数中的土地；有效创意劳动取代了生产函数中的一般劳动。数据作为生产要素，只是多类信息元素的一种。

从上述创新函数出发，无论是科研机构的管理者，还是文学艺术、知识教育、金融、互联网、人工智能、虚拟现实世界行业的企业家，自然都应该很快找到更高效的研发、创意的管理思想和管理模式。

软价值经济的不同行业都有各自的信息元素，给团队提供足够的信息元素，不论是文学素材、传统文化素材还是软件、数据库等，都是促成创新成功的必要前提。很多信息元素实际上存在于创造者头脑中，这就需要引进创新的灵魂人物和合适的团队。有时候一个企业或研究机构的信息元素不够，还需要与其他科研机构合作。

创意者灵感概率决定了软价值创造的投入和产出往往不成比例,失败的风险很高。如果在一个人或者一个团队上孤注一掷,之后研发设计的结果不能打动参与者,项目就将面临整体失败的风险。

为了提高"创意者灵感概率",激发创造者的激情,不同机构可以从创新函数的原理出发,从信息元素的准备、创造者的组织写作方式等入手,形成一套高效的研发机制。比如在硅谷,以谷歌、微软等为代表的大部分公司都引入了OKR[①]为核心的人力资源管理机制,极大地提升了"创意者灵感概率"。

在技术条件和创新环境方面,很多科研机构不仅聚集了顶尖学者,有着宽松的学术氛围,还有丰富的科研资源和丰富的学术交流机制,结果科研成果频出,甚至一个大学多人获得诺贝尔奖。

只要准确把握创新函数所揭示的规律,在特定的技术条件和创新环境下,在信息元素准备、"创意者灵感概率"提升等方面不断改进,并综合科研机构、研发型企业、文化创意企业各自的特点,就可以不断提升软价值的创造成功概率。

---

① OKR(Objectives and Key Results),即目标与关键成果考核方法,这种管理思路与传统的 KPI 考核思想不同,是由员工自己围绕公司和上级的目标来提出自己的工作目标。

## 第三节　参与群体价值

在以数字经济为代表的软价值经济中，需求侧的软价值创造首先从创造参与群体开始。

### 一、参与创造软价值的"梅特卡夫定律"

在通信网络中，如果只有一个用户，那么这个网络的价值为零。有两个用户，他们可以彼此通信，这个网络开始有了价值。如果用户增加到三个人，三个人的联系数量可以达到六种，随着用户数量的增加，联系数量达到足够多时，这个网络可以提供的联系数量将与用户数量的平方成正比，网络的价值也将随着节点数量呈平方增长。这就是网络经济的"梅特卡夫定律"，它形象地揭示了参与群体数量的变化将给网络价值带来变化。

虚拟现实世界也一样，每个玩家都是冲着这个虚拟现实世界的其他玩家来的，参与群体大小是决定某个虚拟现实世界有多大软价值的关键变量。比如罗布乐思在2021年上市前就有大约1.64亿的玩家，堡垒之夜（Fortnite）平台有超过2亿以上的玩家参与，谁能创造更大的参与群体、吸引更多玩家，谁的软价值就更大。

阿里巴巴或微信有如此巨大的软价值，除了自身产品好，另外一个重要因素是创造了巨大的参与群体。假定越南也有一家公司发明了一款类似微信的产品，而且产品质量、运营模式都与中国的微信一模一样，推出时间也一样，只不过是以越南语为主，用户局限在越南，那么，它的软价值恐怕与中国的微信仍有天壤之别。可见，决定一款信息态产品软价值大小的不仅是产品本身，还取决于这个产品参与群体的大小。

在中国，也许成千上万的软件开发企业都可以轻松地开发出比美团功能更强大的订餐软件，但只有美团公司能吸引几亿人，全国各地的餐馆都在使用这款软件。再比如成千上万的企业都可以开发出比滴滴更完美的网约车软件，但价值创造的难点不是软件开发，而是如何让几亿人来参与使用这个软件。

显然，对数字经济的信息态产品而言，产品开发固然重要，但是能够创造足够大的参与群体，才是软价值创造的关键因素。

软价值的参与群体创造，不同于物质产品的营销。对家电、汽车等物质产品而言，有没有市场，产品本身的硬价值是不会消失的。食品可以吃，衣服可以御寒，汽车能够当作交通工具；而信息态产品，比如社交软件、电影、游戏，甚至书，如果没有参与群体，其本身的价值就会消失，因为人们不仅看重产品，更看重自己与共同使用这款产品的人之间的交流。

## 二、创造参与群体的原理：发射功率

电磁波的传播会随着空间扩展而逐渐衰减，那些发射功率越大的电磁波，传播的范围越远。软价值的参与群体也是一样，只有加大发射功率，才能保证有足够多的受众能接收到信号，让参与群体达到最大。

同样的信息，如果央视或新华社发布，可能在十分钟之内就会有上亿人看到；如果是一个网络大 V 发布一条消息，可能在十分钟之内就会有超过十万人看到；如果是普通网友发布消息，可能就只有几十、上百人看到。发射功率越大，创造的参与群体就越大。

不同话题的发射功率也不一样，有些话题的信息频率只能引发少数人共振，这就是小众话题；而有些话题携带的信息频率，能够引起广泛的人群共振。例如关于高考的话题、收入的话题、人身安全的话题等，有时能形成全民话题。同样的道理，在数字经济和虚拟现实世界中，如果创造者开发的产品的频率能够与更多的人共振，就能创造更大的参与群体，进而创造更大的软价值。

## 三、参与群体的共振频率

在电磁感应现象中，某个特定频率的电磁波，只能被特定频率的接收器接收到。信息态产品的参与群体，也就是心理和文化的"共振群体"。

一个软价值经济的场景创立，首先要明确这个场景适合谁进入，是男性为主还是女性为主，是什么文化层次，什么年龄段，什么兴趣圈，等等。设定时间、空间、文化、感情、兴趣等"振动频率"的参数，引发特定群体的心理和文化共振，然后才能获得广泛的参与群体。

在电磁感应现象中，当一个振动的频率与其他振动的频率形成整数倍关系时，就能形成共振现象，使得振动被放大。

信息态财富中的软价值创造也是如此，一个信息能引发的共振群体越大，参与群体就越大。

## 四、参与热度系数与参与群体的膨胀或收缩时间

在物质世界中，如果从甲地到乙地有两条公路，其中一条车流量大，一条车流量小，第一条路逐渐出现拥堵，后来的司机就会自发选择另一条路，从而使失衡得到纠正。但是在软价值经济中，这种现象不但不会出现自动均衡，相反会愈演愈烈。很多人愿意将自己的能量注入，不断参与点评、扩散，就会不断吸引更多的参与者，最终参与群体越来越大。

例如在抖音平台上，一条短视频在传播的过程中不断有人评论、转发，让传播者成为创造者，整个视频的参与群体就会不断放大。在罗布乐思平台上，玩家不仅是来玩游戏的，而且还是来开发游戏的，每个玩家开发出自己的游戏之后都会积极邀请好友来参与，结果平台的参与群体进一步扩大。

相反，如果一个信息产品不能激发参与者的参与愿望，或者没有设置好参与入口，或参与方式不方便，就会在传播中不断耗散能量，结果参与群体越来越少，最终熄灭。

我们用"参与热度系数"来衡量人们参与某个平台、产

品、场景的热度的大小：参与热度系数越大，参与群体膨胀速度越快；参与热度系数越小，则参与群体膨胀速度越慢；如果参与热度系数小于1，那么参与群体开始收缩。

就像物理学中能量有耗散速度、耗散时间一样，信息产品也有其引发共振的膨胀和收缩阶段，也有持续的热度和时间。大部分信息态产品的持续时间是有限的，只有那些成为"经典"的作品才能持续被分享。有时持续的时间越长，软价值就越大；有时持续的时间越长，软价值反而越小。

## 五、参与群体方程

软价值经济的参与群体创造，首先取决于"发射功率"，也就是接收到传播信息的人群大小。而接收到传播信息的人群中，能够引起心理和文化的"共振群体"，才是特定信息态产品的参与群体。

另外，任何一个信息态产品能够引发群体膨胀的时间都是有限的，时间越长，参与群体越大。反之，如果过了膨胀阶段，因为某种原因开始收缩，参与群体还会随着时间逐步变小。

软价值创造的参与群体（$N$）方程，可表述为：

$$N=f(P, \omega) \cdot X^t$$

其中，$N$ 代表参与群体，$P$ 代表发射功率，$\omega$ 代表共振频率，$X$ 是参与热度系数，$t$ 代表时间。

当参与热度系数 $X > 1$ 时，参与群体随着时间扩大；当参与热度系数 $X < 1$ 时，参与群体随着时间收缩。

不论是数字经济，还是文化娱乐产业、知识产业的软价值创造，只要掌握了上述参与者方程的相关原理，从提高发射功率、寻求共振频率、提高参与热度系数、把握持续时间等几个方面发力，就可以不断扩大参与群体，提升软价值。当然，各行各业的具体方法会有很大差异。

## 第四节　叙事体验价值

在需求侧，还有一个更重要的软价值创造变量——叙事体验。我们平时谈论的品牌价值、体验价值，本质上已经有点儿接近叙事体验价值。

### 一、叙事体验：源自产品之外的点评或叙事

就凡·高的画而言，其价值从零到上亿美元，造成其软价值改变的不是产品本身的再创作或产品本身的任何变化，而是人们认知变化。这种认知变化并不是自然发生的，而是数不清的专家点评、相关叙事，以及上百年文化潮流相互推波助澜的结果。

一件艺术品、一本书、一场电影的软价值，为什么在很

大程度上取决于专家或大众的点评和有关叙事？因为人们消费的不仅是这件艺术品、这本书、这场电影本身，还会从点评、叙事中得到更多精神需求的满足。

经过远比产品创作本身更复杂、年代更持久的点评和叙事之后，产品本身不变的质量特征其实已经蜕化为一个点评或叙事载体，而真正带给参与者不一样体验的，其实是与这件产品有关的点评或叙事。这就是叙事体验价值，叙事体验价值的创造发生在需求侧，发生在产品之外。

叙事体验价值有点儿接近品牌价值。从工业时代开始，人们一直在研究品牌的本质究竟是什么。从软价值经济学的角度来看，品牌就是叙事体验，是几十年、上百年的叙事所形成的群体认知。但品牌价值往往仅指特定的物质产品或服务的口碑，而软价值经济的叙事体验还可能指一幅画、一首乐曲、一本书、一部剧、一个社交软件背后的故事，这些信息态产品的叙事体验，不能称为品牌，因而叙事体验价值的含义可能比品牌更广泛。

也有人会把叙事体验混同于产品的功能体验，混同于产品的口感、体感等物理功能带给参与者的感受。比如，如果提到贵州茅台酒，人们想到的是"酱香突出、幽雅细腻、酒体醇厚、回味悠长"的体验，我们可称之为"功能体验"。但是，如果想到100多年前巴拿马博览会上闻香惊人的传说，红军长征路过茅台时以茅台酒解乏、治伤的故事，历史上多次国宴上的茅台酒招待，再想到年份酒及气候、水、菌种、特殊功能等相关叙事带给人们的体验，这些不同于产品功能体验，是一种独立于产品物理功能之外的软价值。

各种奢侈品、文化娱乐产品都非常重视叙事体验的价值创造。每个奢侈品品牌都会注意讲好自己的品牌故事，为参与者营造历史悠久、文化深厚等叙事体验。每部电影在发行前后，都会让主创人员密集接受媒体采访，并且邀请影评家和意见领袖参加首映、点映礼，都是为了让影片相关的故事、逸闻、花絮、评价、评论等形成密集的叙事热潮，提升电影的叙事体验价值。

总之，在软价值经济中，当创作者完成一件产品的设计、制作时，这仅仅完成了价值创造的前半部分，还需要结合产品和文化潮流，通过叙事，才能完成完整的价值创造过程。

## 二、叙事体验的创造原理

叙事体验，是建立在一定文化潮流基础上的群体心理认知，包括高级感的认知、身份感认知、文化势能差认知、个性化认知，以及参与互动感、认同归属感、时尚感等方面的认知。打造上述叙事体验，虽然不能脱离产品的功能本身，但主要还是靠对特定背景下文化潮流和相关叙事的发掘,有时候还要结合产品特征、文化背景,与时俱进地创造一系列叙事,一旦这些叙事广为人知,就能给客户带来更好的心理体验和内心满足。

诺贝尔经济学奖得主罗伯特·席勒(Robert Shiller)在他的《叙事经济学》中提出,人类是这世界上最会讲故事、最喜欢听故事的动物,各种宏大叙事往往会影响经济发展、社会进程、金融资产的波动。

随着人们二元需求结构的变化,物质需求基本满足,精神需求占比越来越高,人们内心更需要这些与消费相关的叙事,甚至渴望了解这些叙事,也愿意花钱购买与这些叙事相关的、得到社会认可的叙事体验。因此,提升叙事体验的基本原理,就是创造叙事。

例如苹果公司每次发布新产品时都要举办盛大的发布会,由CEO亲自出马来讲述相关故事。苹果粉们像期待一场盛大演出一样,殷切聆听相关叙事,并把这些叙事体验价值倾注到他们对苹果产品的购买中。苹果产品的功能固然重要,而使用苹果产品的相关叙事也一样能带给参与者丰富的体验满足感。

叙事体验会随着时间的流逝而淡化、老化,因此需要不断地营造新的叙事,为产品注入新的信息和能量。很多时候,一件产品渐渐退出市场,并不是它的使用功能不好,或功能体验下降,而是因为没有新故事。如果叙事体验不能及时更新、升级,就会使参与者对它的热情逐渐冷却,造成产品逐渐淡出市场,甚至被淘汰。

叙事体验本质上是一种群体性认知,在现实世界形成群体性认知通常需要很长时间,而在数字平行世界,由于时间、空间、文化潮流可以自由定义,相关叙事体验的创造更容易做到。

叙事体验可以为产品构建很深的护城河,比如很多酿酒厂都可能酿造出像茅台酒一样口感的酱香型白酒,但却无法复制茅台酒的百年叙事。在数字经济领域也一样,一旦用户把时间、精力、激情、点评、传播和分享等情感叙事都倾注在一个平台、产品或场景上,即便后来者再开发出同等甚至更好的平台、产品或场景,但已难以再创造出同等的叙事体验价值。

## 三、叙事体验的影响是指数级别的

专家或大众的点评、叙事,有的会直接影响参与群体的大小,而有的则会直接提升产品的价值。想象一下,如果上帝说一幅画好看,肯定会提高这幅画的价值;如果上帝说一

## 第四章 软价值创造原理

本书或一部电影好看,就会提高这本书的销量或这部电影的总票房。因而叙事体验可以分为两类,一类指向更高的价值,一类指向更高的消费频率。

据有关数据显示,名人的公众影响力至少能刺激参与者提升 1.5 倍的购买欲望。不管是上帝的点评、专家的点评、参与者的点评,还是社会宏大叙事,对软价值经济而言,叙事体验的影响都是指数级别的。叙事体验可能会阶段性地对软价值创造发挥巨大的推动作用,使软价值呈现指数级增长;也可能会产生负面的影响,使软价值快速减少甚至消失。

在软价值函数中,$V_S = I \cdot N^m$。当 $m > 1$ 时,叙事的叙事体验为正,从指数级别提升软价值;当 $m < 1$ 时,叙事体验为负,从指数级别破坏、减少软价值。为了提高产品的叙事体验,很多企业都聘请明星代言,因为明星代言不仅可以提高产品的知名度,而且还可以带给参与者更多的精神享受。以百事可乐为例,该公司在不同时代选择不同的当红明星代言,从麦当娜到"小甜甜"布兰妮,从罗纳尔多到贝克汉姆,百事可乐已经不是在单纯地出售可乐这种商品了,利用明星巨大的影响力让参与者获得产品物理功能之外的心理满足,给可乐附加了更多的不同时代的文化势能差。

尽管每个企业都想发起和参与本企业产品的叙事,但是叙事的权利显然不仅在于产品和服务的提供者。最早这些叙事在民间口口相传，后来通过报纸、电台、电视传播，如今在互联网、人工智能、虚拟现实世界时代，每个人都可以在数字平行世界转发、留言、发弹幕、点赞，发表自己的评价和观点。由于点评者的背景、经历和当时的情绪等因素差异，"一千个观众眼中有一千个哈姆雷特"，并非所有叙事对软价值创造的影响都是正的。

总之，软价值函数、创新函数、参与群体、叙事体验都是软价值创造的一般规律。事实上，在芯片研发、医药创新等前沿科技产业，企业家们早已不知不觉地遵循着创新函数进行管理；在互联网、虚拟现实产业，每个企业都在用尽一切资源扩大参与群体；文化娱乐、旅游、餐饮等服务业的从业者，随时随地都在关注客户点评的价值。软价值经济学，就是要把这些企业家的直觉探索上升到可以让更多人掌握的一般原理，从而极大地提高数字经济、文化娱乐、知识教育、研发创意等软价值创造效率，助力中国经济创新转型。

# 第五章
# 软价值经济循环

在物质经济中，生产是起点，是价值创造的核心，产品销售出去且销售价格大于成本，企业才有利润，经济循环才能持续。但是在数字经济为代表的软价值经济中，很多产品可以长期免费提供；不管是物质商品，还是数字内容产品，一旦进入数字平台，就必须以平台为起点和中心；与物质产品的流通和消费环节不同，软价值经济循环离不开场景、流量和体验；在软价值经济中，变现是经济循环的持续条件，变现模式常常影响甚至决定着商业模式；只有全面认识软价值经济循环，才能真正理解数字经济的运行逻辑……

## 第一节　看透新循环，打开新境界

自从有了互联网和数字经济，就出现了越来越多传统经济理论不能解释的现象。例如，很多人对互联网上长期充斥着大量免费的内容感到不可思议，认为任何产品只要低于生产成本销售都是不可持续的，也有人用一些流量变现的简单方法或用销售补贴等理论来解释数字经济的各种新现象。所有这些解释听上去都很勉强，为什么？因为这些都是戴着物质经济循环的眼镜来观察信息态经济循环，结果自然是雾里看花。

要彻底理解数字经济的这些新现象，全面把握数字经济的新方法、新模式，就必须从数字经济的循环开始，找到新的经济循环规律。

诞生在工业革命早期的传统经济学主要以物质产品为研

究对象，认为"生产、分配、交换和消费"构成了一个不断流转的经济循环。随着数字经济渗透率的提高，越来越多的经济活动从线下转移到线上，进入"平台＋产品＋场景＋流量＋体验＋变现"等环节组成的软经济循环模式（见图5-1）。只有发现并揭示了这个新的经济循环过程和每个环节的相互关系，才能在数字经济时代做到游刃有余，进入新的境界。

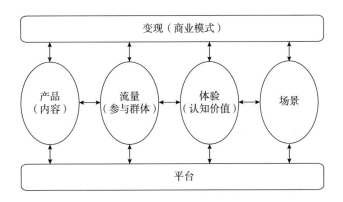

图5-1 软价值经济循环

无论是互联网、移动互联网，还是人工智能大模型、元宇宙等数字经济形态，平台都是软价值经济的起点，产品是软价值经济的载体，场景是软价值经济的交会点，流量是价值信号，叙事体验是软价值经济的延伸。不同的变现模式对应着软价值经济的不同商业模式，每个环节都与其他环节密切相关。

对文化娱乐经济、知识产业等而言，其线下活动部分仍然遵循着"生产—分配—流通—消费"的老循环。但随着越来越多的文化娱乐活动、知识传播活动从线下转移到线上，已经越来越符合软价值经济循环的特征。比如对电影、电视剧、综艺节目、教学培训课程来说，首先是考虑在哪个平台播放，是在爱奇艺、腾讯视频、知识星球等线上平台，还是在传统院线、传统教室里；其次，场景是电影院、面对面教学的线下场景，还是远程视频的线上模式；最后，流量在线上，还是在线下，叙事体验怎样，以及变现模式和商业模式如何，等等。总之，逐步进入了"平台—产品—场景—流量—体验—变现"的新经济循环。

制造业的产品循环也发生了变化。如果一个小家电或一件衣服仍然是在线下商店销售，那么它依然遵循"生产—分配—流通—消费"的经济循环。然而，如果这款小家电或衣服要进入京东、淘宝、拼多多、抖音来销售，那么它就进入了"平台—产品—场景—流量—体验—变现"的软价值经济循环过程。对它而言，最重要的事就是：如何选择平台、如何创新场景、如何购买流量或创造流量、如何创造叙事体验价值以及如何变现的问题。

## 第二节 平台：软价值经济循环的起点

物质经济循环是从产品的生产开始，而以数字经济为代表的软价值经济，其循环大部分从平台开始。

### 一、平台为软价值创造提供了基础、环境和规则

软价值经济的循环从平台开始。以数字经济为例，操作系统实现了软件与硬件的沟通，使得数字信号的处理成为可能，因此，操作系统是数字经济的基础性平台。目前主要有Windows、iOS、Android等基础性平台，历史上还曾有过Unix、DOS等系统，但都随着技术的进步逐渐被淘汰了。随着技术的发展，未来当然会出现新的基础性平台，如果脑机接口技术能够进入现实使用，它必然需要建立在一个全新的

基础性平台上。

在通用基础性平台之上,开发出不同行业的各种应用,构成了数字经济的行业应用平台,比如微博、微信、Twitter、Meta等社交平台,阿里巴巴、京东等电商平台,美团、饿了么等生活服务平台,抖音、快手等短视频平台,爱奇艺、腾讯视频、哔哩哔哩弹幕网(简称"B站")等中长视频平台,大众点评、豆瓣、小红书等爱好分享平台,知乎等知识分享平台,今日头条、微信公众号等文本信息分享平台,滴滴、Uber等出行服务平台,Airbnb等民宿平台,起点、晋江、阅文等网络文学平台,Steam、罗布乐思、腾讯游戏等网络游戏平台,Spotify、QQ音乐、网易云音乐等音乐平台,喜马拉雅、蜻蜓FM等有声书平台,Apple播客、小宇宙等播客平台,以及最新涌现的ChatGPT人工智能平台,等等。各行各业的数字经济,都从平台开始。

通用基础性平台不仅为行业应用型平台提供了运行的基础,还为它们提供了建造工具,例如苹果公司为App的开发者提供了代码开发工具Xcode、云工具Xcloud以及各种API(Application Programming Interface,应用程序接口),让开发者可以高效率编程以及调用iOS的各种资源。

通用基础性平台享受整个数字经济生态的成长成果,苹果作为全球最大的数字经济基础性平台公司,市值一度突破

3万亿美元,微软紧随其后,市值也超过了2.5万亿美元。当然,除了苹果、微软,还有Android等其他数字经济基础性平台,其成长前景也不可限量。

行业应用平台则是在通用基础性平台的"地基"上建造各种各样的"建筑物"。淘宝、美团、罗布乐思等应用性平台会在操作系统的基础上,为自己的客户提供专门领域的编程工具、界面开发工具和素材等软资源,邀请商家(创作者)进入这些应用软件或者App进行创作,同时也邀请个人参与者进入这些应用软件或者App进行消费和叙事体验。

在数字经济为代表的软价值经济中,平台会生产大量的数据,而对这些数据的存储、处理和应用,则需要大量的算力和算法支持。一般来说,通用基础性平台是算力、算法资源的提供者,例如阿里巴巴就为大量的电子商务商家提供了商品信息的数据库,能够处理瞬时出现的大量订单的算法,以及分析用户偏好的大数据系统,因而阿里云等算力业务的价值迅速成长。苹果、微软、腾讯、华为、中国移动、中国联通等平台型公司,都将云计算业务作为发展的重要方向。

人工智能大爆发,对算力的需求增长更加迅速。有人预测认为,训练人工智能模型所需的算力大约每3个月就翻一番，其算力需求一年就增长10倍。① 通用基础性平台为了满足快速增长的算力需求，必须承担同样快速增长的相关成本，包括建设数据中心、购买服务器等设备以及支付相关人员、电力等费用。像腾讯、百度这样的平台企业，年耗电量可达到3亿—4亿度。

同时，平台也是微观市场的规则制定者。每一个平台实际上都构成一个市场，iOS是一个市场，淘宝是一个市场，抖音也是一个市场。这些平台的创立者，必须为这些市场制定规则，而这些规则不仅要符合国家法律法规的规定，也要符合创作者、参与者的利益，还要体现平台建设者的利益。例如在淘宝这个市场上，商品怎样展示、交易怎样达成、支付如何完成、纠纷怎样处理等，都由淘宝制定相应的规则。

不论是通用基础性平台，还是行业应用平台，都具有一定的公共品和基础设施的特性。例如微信已经不只是一个简单的即时聊天工具，目前还承载了支付、工作、商务洽谈、文件传输、生活服务等功能；而微博也已成为中国重要的公共媒体平台之一，其作为公共产品的特性，必然需要一定的政府指导。在美国，议会和政府主管部门经常会就这些进行听证，以便完善相关监管法律。在中国，除了法律、法规监

---

① 李国杰. 超算互联网，算力网的骨干［N］. 人民日报，2023-06-28.

督,宣传部门、网信部门通常还进行一定的政策指导。

在软价值经济中,平台也是生产要素聚集的起点,无论是传统的资本、劳动、技术、管理,还是创作者所需要的数据、文化题材、知识、专利、版权等信息元素,都通过平台聚集起来。传统经济循环的生产、流通、消费、分配慢慢转移到各行各业的平台上,新经济的研发、创意、场景、叙事体验、流量、变现都从这里开始,形成一个越来越丰富的软价值经济生态。

## 二、平台决定了产品的种类、样式、特性和传播方式

平台虽然也能生成自己的产品,但是更多的产品则是由进驻平台的商家和创作者提供的。例如游戏开发商在 Steam 平台上发布他们开发的游戏,音乐创作者在网易云音乐上传他们的单曲,等等。每个虚拟现实平台的项目都依靠创作者来提供丰富多样的设施、角色和内容;人工智能平台目前正处在发展的初期,往往对个人用户提供问答、文字整理、图像、音频和视频生成等服务,并可以对企业用户提供开发接口,进行二次开发来提供专业领域内更加强大的功能。

每一个应用性平台在开发之初就规定了自身所在的领域和功能,实际上也就规定了产品的种类、样式、特性和传播

方式。例如抖音平台上的产品主要是音乐、搞笑类的短视频；微博平台上的产品主要是时事、观点类的图文作品；美团平台上的产品主要是各种餐饮、生活服务等。在积累了一定的流量后，有些平台也会逐渐拓展产品的方向和种类。如 B 站作为视频平台，同时也提供了文本信息的发布渠道；微博和微信都开始尝试短视频业务；QQ 音乐上提供了相应歌曲的 MV 视频。

平台能否成功，关键在于能否吸引足够多的商家和创作者，以及入驻的商家和创作者能否提供丰富、优质的产品。平台吸引商家和创作者的主要手段是为那些优质创作者提供流量、丰富的变现模式，以使他们的创作获得更高标准的回报，同时为新入门的创作者提供创作所需要的培训、指导等服务，从而提升他们的创作水平。尽管通用基础性平台的出现和退出是不常见的，但应用性平台的"生生死死"已经屡见不鲜，同类平台之间会展开对优质创作者的激烈竞争。

平台往往掌握了更多的数据资源，可以提升产品开发的效率，例如淘宝掌握的消费数据能够帮助商家开发出更符合参与者爱好的产品；抖音掌握的网民浏览数据可以帮助创作者了解网民偏好，创作出更加精准、贴近网民口味的短视频。

平台可以选择将哪些商品优先呈现在参与者的视野中，

例如抖音平台就有一个精巧而复杂的作品推荐机制，根据作品的内容、网友的反馈、创作者的可持续性等不同权重的参数决定给受众推荐哪些作品，这种做法一般称为"内容分发"或流量分配。这种作品呈现机制，既是平台提供的一种服务，又是平台变现的重要渠道。

## 三、平台的流量分配机制

平台要创造流量，一方面需要吸引内容创作者或产品提供者来平台创作各种作品和内容，同时也要吸引参与者来平台参与各种活动，并发布相关评论和感受，这样平台就拥有了流量。

平台可以从一定程度上决定流量的流向，就像奈飞可以决定哪部剧获得更多的曝光和宣传，实际上就是决定更多的流量流向这部剧。因此人们经常说平台也是流量的分配者，经营流量也是平台变现的主要手段。例如微信是中国目前最大的社交平台，参与群体规模以十亿计，很多其他平台都希望能在微信 App 中获得一个流量入口。

有些平台采用中心式的流量分配机制，即由一个中心来掌握分配流量的权力。例如淘宝网站的编辑可以决定哪些商品出现在首页，哪些商品出现在首页的显要位置，这些商品之所以获得更大的流量，背后当然是商家为流量付出的费用。

也有一些平台采用去中心化的流量分配机制，即不存在主导流量分配的"权力中心"，而只通过社交传播、大数据匹配推送等方式进行产品或信息的传播，但平台仍然可以通过对规则、参数的设置和调整在相当大的程度上影响流量的分配。

## 四、平台自身有变现的需要，但更重要的是支持创造者变现

平台建设初期，需要大量的数字经济基础设施投资，甚至还需要一定的补贴来吸引创作者和参与者，进而才能产生应用场景和流量。无论是20多年前的雅虎、新浪网等门户网站，还是后来的网约车平台、短视频平台，再到近期的人工智能大模型平台，都是靠风险投资、私募股权投资先行投入巨大的资本，等待成熟的应用场景出现，积累足够的流量，为创作者和参与者提供较好的叙事体验，才考虑变现。

平台制定并且维护了市场的规则和秩序，为创作者提供了产品开发的条件，为参与者提供了各种场景，因此平台作为经营场地的提供者，还可以向经营者收取类似"场地租金"的费用。最著名的就是"苹果税"，即苹果公司对iOS平台上

的交易都要提取30%的分成；[①]在美团、饿了么等生活服务平台上，有时候要对外卖商品抽取20%左右的提成。

平台作为开发环境、开发工具的提供者，还可以向创造者收取类似"设备租金"的费用。例如在电商平台上，有所谓的店铺"装修"费用；在一些视频创作平台上，对于高端的创作工具（如视频"特效"）等，也会收取一定的费用。

另外，平台作为内容或创造物的分发者或流量分配者，可以收取流量费用。例如微博平台的"上头条""上热搜"，淘宝平台的"直通车"，抖音平台的"上热门"等功能，都是通过付费的方式获得流量。

平台虽有合理的变现需求，但变现会给流量和叙事体验带来影响。例如广告是平台变现的重要方式，但在产品内容中增加广告，不可避免地会影响参与者的体验，此时就必须在广告的投放频率、制作水平等方面进行仔细权衡，将变现给参与者叙事体验带来的负面影响降到最低。一些平台也采用直接收费的方式来变现，这种方式也会影响流量的增长。软价值经济的很多需求都不是刚性的，而是可大可小的精神需求，过高的收费会损失流量。

平台长期生存发展的基础是为商家和创作者的产品、流

---

[①] 2021年1月开始，苹果对年收入不足100万美元的小企业和独立开发者将分成比例降低至15%。

量、叙事体验变现提供通道。平台要不断吸引创作者，为创作者提供良好的条件、多种变现方式和变现机制；反之，如果对创作者变现的限制过多，或者变现后平台占据的份额过高，就会影响创作者的积极性。

总之，平台是软价值经济的起点和基础，为产品开发和内容创作提供开发或创作环境，为参与者提供场景和规则，为点评、叙事提供机会，为变现提供机制。只要是在线上开展经济活动，不论是商业贸易活动、文化娱乐活动、知识传播活动、研发创意活动、服务外包活动，还是制造业的订单委托等，都需要从数字化平台开始，随着各行各业的经济活动更多从线下向线上转移，数字化平台将成为各行各业经济活动的起点。

## 第三节　产品：软价值经济循环的载体

### 一、产品（内容）是软价值经济循环的载体

在以数字经济为代表的软价值经济生态中，产品的内涵被大大拓展了。产品不仅是传统的物质硬件，还包含了各种信息内容，既包括服务器、智能手机、游戏机、奢侈品、文创产品、时装等物质产品，也包括影视剧、软件、文学作品、电子游戏、音乐、短视频、会议直播、教学直播、比赛直播、电竞直播、网络聊天等各种信息态产品。很多时候，信息态产品可以简称为"内容"。

在数字经济时代，除了传统的专业创作团队和专业内容生产模式（PGC），目前已经大量涌现普通人成为创作者的情形，即用户生成内容（UGC）。未来，在通用人工智能等技

## 第五章 软价值经济循环

术帮助下,研发的效率日渐提高,创作的门槛将会逐渐下降,内容的创作者群体将不断扩大,AIGC 即将来临。

在互联网、数字经济、人工智能与元宇宙时代,很多前所未见的数字产品正在涌现。从人工智能概念的提出,到 AlphaGo 打败李世石,再到 ChatGPT 进入大众视野,经历了 70 年以上的时间,其间也有多次技术突破引起社会关注,但都因为软硬件条件不具备而归于沉寂。直到这次 AIGC 终于具备了实用性,人工智能才真正开始进入我们的生活。随着技术的进一步发展和对场景的不断探索,数字虚拟人、各种虚拟现实产品、AI 电影、AI 游戏、AI 编程、区块链数字确权证明等数字产品很可能会逐渐成熟,还会有很多我们现在想象不到的数字产品在软价值经济生态中源源不断地涌现。

在京东、拼多多等电商购物平台上,普通物质产品是经济循环的载体;在美团、滴滴打车等生活服务平台上,外卖、出行等服务是经济循环的载体。这些商品、服务之所以成为软价值经济的载体而非中心,是因为无论是商品还是服务,都面临着供给过剩而非稀缺的局面。在商品和服务供给不足的经济背景下,生产是起点和中心,消费是终点;而在全面供给过剩的经济背景下,无论是产品还是服务,都是软价值经济循环的一个环节,成为软价值经济循环的载体。

## 二、产品组合创造场景，场景拓宽产品和内容价值

不同的产品组合、应用领域创新、环境变化，都可以产生新的场景。例如将互联网、移动支付和 GPS 定位结合在一起时，就出现了网约车这样的新场景；"人工智能＋围棋"产生了人机对战的新场景，AlphaGo 打败了李世石；"人工智能＋专业模型"产生了 AI 辅助研究的新场景；在疫情冲击下，非现场办公需求催生了互联网电视电话会议的场景，ZOOM、腾讯会议获得大发展。

软价值经济生态中的产品和内容，只有在具体的应用场景下才有价值，但在产品和内容面世之初，其应用的场景往往是有限的，随着场景的丰富，产品和内容的价值才越来越大。

腾讯微信最初就是一个用于点对点图文传输的社交软件，一次次的场景创新不断给这个产品带来新的应用、新的流量、新的叙事体验和变现方式。

第一次重要的场景创新，通过增加"身边的人"功能，创造了一个陌生人社交的新场景，在 4 个月的时间里用户数增长至 3 500 万。

第二次重要的场景创新，通过增加"朋友圈"功能创造了一个"好友间互相展示、评价生活"的新场景，并且为今后的广告等变现方式提供了空间。

第三次重要的场景创新，通过"抢红包"增加支付功能，创造了一个"随时随地支付、转账、理财"的新场景。为了推广支付功能，微信在2014年春节发起了一场微信"抢红包"的活动，春节期间有800万用户参与，共计4 000万个微信红包被领取。在微信群里抢红包给人们带来很多欢乐的同时，也让人们逐渐发现微信可以互相转账，可以购物和网约车支付，可以购买基金理财等功能。通过沉淀资金运用、收取基金理财等佣金以及提供小额借贷等服务，支付功能已经成为微信重要的变现通道。

第四次重要场景创新，增加了微信公众号平台，为微信创造了一个在社交平台获得图文信息的新场景。目前微信公众号已经成为中国重要的图文媒体平台之一。2022年，微信公众号每天有超过100万篇新文章推送给读者，公众号的巨大流量成为广告推广、商品带货、打赏抽成等变现方式的基础。

2023年，通用人工智能大模型还在起步阶段，但是其场景创新的空间已经初步展现。例如将人工智能大模型用在ChatGPT场景，就可以回答问题、帮助用户写文案等，已经有上亿流量。

在"AI+影视"的场景下，人工智能可以在很短的时间内生成多种不同走向、过程和结局的剧本内容，创作者进行选择和加工，可以大大提高影视创作的效率和效果；在"AI+新闻"的场景下，只要输入一些原始的素材，如监控视频片段、股市数据、采访录音等，人工智能就可以实现智能新闻写作，提供不同风格的草稿供记者和编辑选择，大大提升了新闻的时效性；在"AI+科研"的场景下，只要设定要素、条件、组合方法、效果目标，就可以不断形成新的产品创新方案；在"AI+营销"的场景下，虚拟数字人播报可以不间断地在互联网上宣传产品，还可以替代人工客服，提升问题的处理效率等；在"AI+汽车"场景下，可以很快实现智能驾驶等功能。

相似的产品，可能在适用场景上有很大差异。例如《泰坦尼克号》和《阿凡达》都位居历史上票房最高的电影前十名，二者的区别在于，《泰坦尼克号》所蕴含的IP（如杰克和露丝）形象没有更多的适用场景，而《阿凡达》的IP形象可以移植到服饰、动画、漫画、电子游戏、主题公园等很多场景中，所以《阿凡达》的IP寿命和价值就高于《泰坦尼克号》。

## 三、产品变现的主要方式

在传统经济中，产品销售是变现的主要方式，而在软价值经济循环中,除了直接销售,产品还可以有很多其他的变现方式。

在软价值经济循环中,直接销售或开发周边产品、增值产品来销售,仍然是重要的变现方式。例如电影、话剧、音乐会、体育比赛等可以销售门票,也可以通过开发周边产品、增值产品来变现。又比如很多产品虽然可以提供免费的基础版,但是要增加功能就需要付费,网络游戏中如果付费购买了装备就可以提升能力等。

也有的信息产品以服务化为变现方式,例如在软件行业,原来客户购买软件并安装在本地的机器上,需要自己负责软件的调试、维护、学习、培训等,才能发挥软件的作用。软件服务化转型后,通过 SaaS(Software as a Service)的方式,客户不再需要自己进行软件的安装、调试、维护等工作,而是通过网络服务的方式直接获得软件的功能。现在很多硬件产品也开始尝试服务化的变现,厂商转型为服务提供商,用户不再需要直接购买机器设备,而是为机器设备的服务付费。

在软价值经济循环中,有时候会把产品、内容作为流量入口,再通过流量来变现。例如人们使用的免费新闻服务、免费的搜索、免费的安全软件、免费的游戏、免费的社交软件等,一般都会伴随着广告投放。这就是将产品当作流量入口,通过广告来变现流量的商业方式。

把硬件产品当作流量入口，再通过软件、内容收费来变现一部分收益的案例越来越多。如在小米公司的产品中，电视就是一个流量入口。与传统电视机不同的是，小米电视机是一个双向互动的内容终端，参与者既可以主动选择自己喜欢看的免费节目，也可以用各种方式购买收费节目。很多用户在购买了小米电视后，很快就成为不同级别的小米会员，每月缴纳几十元会员费，就可以收看海量的电影、电视剧、综艺节目，还可以玩游戏等。因此，小米公司在销售电视机这样的硬件产品时，的确不需要有太多利润，只要能通过低价格、高质量的产品吸引千万客户，后期的会员费及游戏、音乐等各种付费内容带来的收益将远远超过硬件收入。

把硬件作为流量载体，靠软件或内容赚钱；或让硬件与海量的内容资源互相促进，在软硬两方面都能赚钱。这种模式最早的成功实践是乔布斯发明的音乐播放器iPod。在iPod发明之前，人们通过随身听和便携式CD播放器欣赏音乐，但它们只是单纯的播放设备，磁带和CD唱片是由音乐公司负责发行的。iPod播放器的革命性创新在于，通过与苹果公司的iTunes软件结合，iPod用户可以用每首歌曲99美分的价格购买正版音乐，其中苹果收益22美分。苹果公司在出售iPod播放器时就获取了较高的毛利率，通过音乐版权分成，又得到了源源不断的现金流。

## 第四节　场景：软价值经济的交会点

### 一、场景是软价值经济的交会点

在传统经济中，消费者与产品接触，离不开具体的集市、商场、超市等交易场所。同样的需求，不同的场景对应着不同的市场，以出行需求为例：有的人喜欢自己开车，对应着自驾出行场景；有的人喜欢环保、健康，选择骑自行车，对应着骑车出行场景；有的人喜欢舒适、便捷，选择乘坐出租车，对应着出租车场景；有的人节约、怕堵车，选择乘坐公交/地铁，对应着公交/地铁场景。

而在软价值经济中，平台、产品与参与者交会，也离不开特定的场景。仍然以出行为例，比如借助互联网平台，消费者可以通过手机上的 App 进行约车，司机通过手机 App 接收用车信息并接客,通过互联网、手机和汽车相结合创造新的打车场景,让平台、运输服务、参与者在这里相遇,形成网约车市场。又比如通过互联网平台,智能手机结合自行车,吸引喜欢骑行的参与者,形成新的骑车场景,并产生巨大的共享单车市场。

场景是软价值经济循环的交会点,有了应用场景,平台、产品才会有参与群体,才会有叙事体验,才可能有各种变现模式。

在传统经济中,每种活动所对应的场景是相对固定的,场景创新的机会和空间也是有限的;而在数字经济的平行世界,时间、空间和环境变得更加多样化,场景创新的空间也越来越大。

从新闻场景变化来看,传统的新闻场景是广播、电视和报纸,而在互联网时代,雅虎等门户网站创造了在线浏览的新场景;移动互联网时代,各种新闻客户端则成为我们随时随地跟踪新闻的主要场景;在自媒体时代,每个自媒体、每个人都可以成为新闻传播者;在人工智能和虚拟现实世界时代,虚拟数字人新闻播报已经崭露头角。

从游戏场景的创新来看,计算机技术的发展,使我们可以在家里玩单机游戏;互联网时代,使我们可以在线上进行真人对战;移动互联网时代,使我们随时随地进入游戏世界;

而在人工智能和虚拟现实世界时代，每个人都可以作为虚拟人物进入数字平行世界的战场、城堡、太空等新场景，更加身临其境地参加"战斗"。

在传统的社交场景中，我们只能在现实世界与人交往，以书信、电话等作为辅助手段。而到了互联网、智能化、场景化的数字经济时代，人们可以在数字平行世界里穿越时空认识，"面对面"地交往。

在数字经济时代，教育、医疗、办公、科研等场景创新会越来越多，每一个场景创新都创造一个新的市场，带来一种新的生活和工作方式，使平台、产品、参与者有新的交会方式，并催生新的叙事体验和新的变现模式。

## 二、平台为场景创新提供基础，场景完善平台生态

平台是软价值经济的主要场景创造者。例如微信作为社交平台，创造了"随时随地通过文字、图片、语音和视频沟通"的场景；淘宝作为电商平台，创造了"在全国甚至全球选货比价购物"的场景；美团作为生活服务平台，创造了"以适宜的价格在家享受餐厅美食"的场景；等等。

平台决定了软价值经济的场景创新空间，平台所采用的技术是影响场景创新空间的决定性因素。在 PC 时代，参与

者只能在家中或者办公室进行网上冲浪、游戏和购物，而智能手机将人们带入移动互联网时代，智能手机和iOS、Android操作系统结合带来的平台创新，极大地拓展了应用场景的创新空间。

随着人工智能技术的应用以及MR、脑机接口等技术的发展，在即将到来的智能化、场景化数字经济时代，有可能开启又一次场景创新的大爆炸。比如汽车将成为无人驾驶的智能座舱，人们可以在舱内听音乐、看电影、打游戏、开会甚至睡觉，而无须担心行车安全和堵车问题；我们既可以在线下与朋友相聚享受美食，也可以在虚拟空间中以自己喜爱的数字虚拟角色参加会议和各种娱乐活动。

平台调整规则，收紧或者放松管制，也影响着场景创新的可能空间。例如腾讯和阿里巴巴分别以社交和电商为主要业务，以往不仅微信和淘宝之间数据不能互通，就连他们各自参股的相关软件，如网约车、共享单车、音乐播放、团购外卖等也划分成了壁垒分明的两个阵营，限制了很多场景创新，如果让这些平台更多地互联互通，场景创新空间就会更大。

场景创新离不开平台，场景创新也不断拓展平台的生态。电商平台"购物狂欢节"的场景出现后，参与者在"限时大力度促销"的刺激下集中下单，导致涌入的订单量和支付指令瞬间超过平时的几十倍、上百倍。

抖音本是一个为娱乐目的开发的短视频平台，当抖音开放了商品展示、支付和物流功能，就创造出了在抖音购物的新场景；当教师发现可以用直播来教人识字，就创造出了直播教学的新场景；当企业发现可以用抖音精确地找到正在寻找工作的年轻人，并用短视频和直播的方式来展示工作岗位、生活环境，就创造出了在抖音招聘的新场景。

据了解，苹果MR作为新的产品平台，自带上百种应用场景，但与现在手机App的应用场景相比，还是远远不够。但是苹果的iOS操作系统同样提供MR创新工具，未来场景创新空间不可限量，只有依靠持续的场景创新，形成丰富的平台生态，平台的发展前景才会越来越广阔。

## 三、场景创新带来流量

让平台、产品与参与群体相遇，是场景创新的一个重要功能。每当一个新的场景被创造出来，都会吸引新的参与群体，创造出新的流量。

例如互联网视频会议场景，就是在2020年疫情暴发之后的特定时间、特定空间、特定社会背景下，利用互联网技术、视频会议技术来创造新的场景。Zoom和腾讯会议通过互联网视频会议迅速积累起巨大的参与群体,形成较高频率的流量,甚至在疫情结束以后,很多人已经习惯了线上开会模式,这样的流量仍然得以保持。

场景包含时间、空间、社会背景、产品组合、行为方式等要素,通过改变时间、空间的结合,或改变背景和改变产品组合,结合不同的行为方式,就可以创造出新的场景,进而创造流量。

以共享单车为例,共享单车本质上是个场景创新,它把自行车、扫码开锁、支付等产品组合起来,在每个地铁口、公交站大量投放自行车,人们扫码很快开锁后,骑到方便的地点还车。共享单车在中国大中小城市很快流行起来,人们上下班、平时出行都爱使用共享单车,形成了几亿人的流量。

### 四、场景与叙事体验

新场景的拓展,必须有全新的叙事逻辑和叙事体验。

微信刚刚开发出来的时候,只是一款社交软件,并不具备金融支付等功能,而且那时候人们普遍认为用社交软件来链接银行账户不安全。之后,微信结合中国人春节发红包的风俗习惯,创造了一个"抢红包"的场景,人们可以在微信群发红包,每个红包金额最大不超过200元,金额大小随机决定，全凭抢的人当时的运气。这样的活动一经推出，就成了那一年春节最流行的活动。所有的微信群都热热闹闹地在抢红包，抢到红包的人为了提取现金，自然要链接银行卡、开通微信支付功能，结果这个活动不仅促进了人与人之间的交往，提升了节日气氛，也让微信支付功能迅速得到普及。如今，在中国，无论走到哪里都不用带钱包，也不用带银行卡，用微信就可以完成几乎任何支付。"抢红包"这样一个场景创新，创造了全新的叙事体验，彻底改变了中国人的支付习惯。

相比之下，早已经存在很多年的支付软件——支付宝，同样也积累了数亿用户，一直想完成从金融支付软件到社交软件的升级，却一直没有找到合理的叙事逻辑，缺少一个像"抢红包"那样的场景创新。

另外，场景创新还为商业模式创新打开空间。如果只靠电影的票房，迪士尼恐怕只是个电影公司，而通过出售各种IP产品、打造迪士尼乐园、与各种品牌联名等不同的方式，在不同的场景为迪士尼打开了更多变现的空间。

## 第五节　流量：价值信号

流量就是参与群体的参与频率。流量对于软价值经济，就如同价格对于物质经济。软价值经济中，价值的大小不能用简单的价格来衡量，而要用流量来衡量。无论是平台、产品，还是场景、叙事体验，能否获得丰沛持久的流量，在很大程度上显示其价值大小，参与群体越大，参与频率越高，流量越大，软价值就越大。

### 一、平台瓜分流量，流量决定平台价值

ChatGPT 对公众开放后，虽然用户几乎无须为使用 ChatGPT 付费，但推出这项产品的 OpenAI 公司估值已经迅速上涨到几百亿美元。支撑这个平台价值的，就是短短两个

月时间内积累的1亿用户和流量。

在软价值经济时代，常常是几个大的头部平台瓜分了全网流量，流量是衡量平台价值的主要标准。在互联网时代，中国的网上流量基本被"BAT"（即百度、阿里巴巴、腾讯三家）瓜分；在移动互联网时代，涌现出了抖音、快手、拼多多、小红书等新的平台，将"BAT"垄断的流量进行了重新分配；随着人工智能大模型、MR眼镜、各种AIGC新平台的涌现，未来的平台流量格局还将发生新的变化。

## 二、产品和内容创造流量，流量影响产品价值

在传统物质经济中，生产是经济循环的起点，产品是经济循环的中心，卖产品几乎是价值实现的唯一方式。而在数字经济时代，很多产品或内容的主要作用不是直接被销售赚钱，而是创造流量。

例如在数字经济平台上的文化娱乐产品、知识产品，一般很难直接收费，大部分内容产品的创作，都是为了创造流量。在抖音、快手等短视频平台上，专业短视频创作者，有的分享旅游经历，有的分享知识，有的分享厨艺，有的创作搞笑节目。一条条看似轻松的节目背后都是创作者精心编写的脚本、认真的拍摄和细致的剪辑，他们挖空心思创作的节

目还要想方设法吸引观众来看，目的是什么？创造流量。

《王者荣耀》《阴阳师》和《原神》都是免费游戏，公众号平台上的一篇篇文章、知乎平台上的一条条问答，都是由创作者精心创作、可免费阅读的，这些免费产品的直接功能是什么？创造流量。

小米智能电视机，为什么可低价购入？就是因为小米并不把销售智能电视作为赚钱的唯一手段，同时还把它作为吸引客户的流量入口。一旦用户购买了小米智能电视，它就成为一个导流工具，为小米电视中播放的电视剧、电影、赛事、游戏、综艺节目的变现提供了流量基础。

在以数字经济为代表的软价值经济中，产品和内容创造流量。反过来，流量也影响产品和内容的价值。数字经济时代，产品和服务并不稀缺，而人们的关注度是稀缺资源，只有获得稳定的流量，产品和内容才有价值。

## 三、流量变现的原理和主要方式

流量变现是软价值经济形态中最成熟的变现路径，平台的流量、产品的流量、内容创作者的流量、场景的流量都可以变现。

最常用的流量变现的方式是广告，流量越大，广告费越高。流量的拥有者也可以将自身的流量引向其他平台、其他创作者或者其他产品，并收取一定的费用。

流量的广告变现模式，其实由来已久。报纸是最早向阅读者和信息发送者分别收费的。随着报纸的发行面越来越广，很多企业开始通过报纸来投放广告，慢慢地，降低报纸单价，大规模刊登广告成为报纸的主要收入来源，成为现代报纸的普遍运行模式。通常，对于那些一般性阅读的读者（A群体）而言，报纸只收取少量的费用，大部分收入通过向广告投放商（B群体）收取。

20世纪以来，随着通信领域的几项伟大发明的诞生，广播和电视先后成为继报纸之后产生的新媒体。这些媒体要么从企业投放广告获取收益，要么由硬件制造商（半导体、电视机）赞助，而大部分信息接收者（A群体）从一开始就不曾为之付费。

在以互联网为代表的数字经济时代，人们惊诧于互联网、移动互联网、邮件、博客、微博、微信等新的数字经济形态居然都可以免费享用，他们早就忘了早期的电视、广播节目其实都是向A群体免费提供，向B群体收费。

显然，软价值经济时代，这种收费方式越来越普遍。通常，来自A群体的直接收入与B群体支付的间接收入变化成反比：A群体规模越小，B群体愿意支付的费用越少，A

群体支付的费用越多；A群体规模越大，B群体愿意支付的费用越多，A群体所需支付的费用就越少；一旦A群体规模足够大，B群体争相支付高价，A群体就可以不支付任何费用。

可见，在上述费用变化中，A群体的规模——流量，是收入结构的决定性因素。只要能够吸引到足够大的A群体，自然就有B群体来支付费用。因此，如何吸引更广泛的公众注意力、积累起巨大的"流量"（A群体），并且在A群体喜闻乐见的免费信息与B群体强烈要求推送的广告信息之间，找到一个平衡点，成为信息传媒产业成败的关键。

除了广告变现模式，这几年又涌现了流量带货模式，很多微信公众号和抖音号都通过流量带货的方式变现，一些火爆的带货主播一方面用头部流量获得更低的成本价格，另一方面又用超低的折扣吸引更大的观众流量，其销量迅速超过传统地面和网点。2022年以来，由新东方教育转型而来的东方甄选，依靠新东方教育多年积累的社会知名度和董宇辉等带货明星主播幽默而独特的带货风格，成为流量带货的黑马。

## 第六节　叙事体验：软价值经济的升华

软价值经济的体验过程，相当于物质经济的消费过程。与物质产品的消费过程不断消耗产品价值不同，软价值经济的体验过程不但不消耗价值，还会增加软价值。在叙事体验的推动下，软价值经济的增长变化既不像"爆炸"那么猛烈，也不像"发酵"那么温暾，而是有点儿像物质不经过液体状态，直接由固态变成气态的升华过程。

### 一、叙事体验与平台价值的升华

平台的发展离不开各种叙事，但是真正从叙事体验发展起来的数字经济平台并不多，一个典型案例是大众点评网。

大众点评网在2003年刚成立时，仅仅是个提供商户信息、消费点评的网站，由于其点评叙事体验较好，逐步积累起越来越多的流量，后来发展到可以预订餐厅并提供团购优惠券，再发展到可以订外卖、提供 O2O 交易的综合生活服务平台。

叙事体验对平台的影响可以是正面的，也可以是负面的。如同软价值函数中，只有叙事体验 $m$ 大于 1 时，叙事才会提升平台价值；反之，相关叙事就会造成平台价值的不断萎缩，甚至崩塌。

B 站在尝试贴片广告时，遭到了很多用户的反对，其董事长陈睿表示："B 站永远不加贴片广告！"这种设置原本是一种变现模式的选择，但是在 B 站和网友的共同宣传下，很快成为一种"拒绝过度商业化"的叙事，并且广为传播，极大地提高了用户的内心满足感。

相反，某些搜索平台过度的广告行为给用户带来了很多负面体验，进而衍生出各种负面评价和叙事。这些叙事在市场上广为流传，进一步降低了流量和叙事体验价值。

同时，在以数字经济为代表的软价值经济时代，通过点评网站、社交媒体等平台，让广大的参与者打分、点评、分享他们的感受，也是形成叙事体验的重要方法。某电商平台，最初的确是从比拼价格低廉的消费品起家的，因为价格特别低，自然会有不少质量很差的商品，由此就形成了该平台上卖假货的叙事。一旦有这样的叙事广为流传，平台恐怕就要萎缩了。因此，该平台大力加强了对商家的监管，并采取赔付等措施，叙事体验开始得到扭转。

2023 年 ChatGPT 面世以后，一方面它强大的智能水平的确提供了很好的功能体验，但更重要的是，它引发了全球各国对人工智能的高度关注和一系列相关叙事，资本市场热炒人工智能，各行各业的企业家都在讨论人工智能会怎么改变生活和工作，这些都迅速提高了 ChatGPT 的叙事热度，成为提升其 OpenAI 公司软价值膨胀的重要因素。

## 二、产品是叙事体验的起点，叙事体验提升产品价值

在软价值经济中，大量的产品来自参与者的感受、表达和再创作，例如一条微博底下的评论可以成为热评，而这条评论的热度甚至可能超过微博本身。在一部影视剧火了以后，会出现大量围绕这部作品进行的漫画、动画、同人文、段子和网络热梗等相关的叙事。

如果说平台是软价值经济的起点，那么产品则是叙事体验的起点。产品本身对参与者认知有很强的塑造作用，产品本身就可以形成一部分叙事体验。例如那些使用了更好的原材料、更好的设计、更好的生产工艺的产品，本身会形成一种优

质感，这种优质感是形成参与者认知的"第一印象"，即使是那些服务业产品，也可以通过员工的形象、气质和精神面貌来形成和塑造参与者对产品的叙事体验。

在软价值经济的生态中，叙事体验的创造更多来自产品之外。苹果手机能够成为全球参与者追捧的热门商品，不只是因为它丰富、强大、流畅的功能体验，更重要的是乔布斯本人、苹果公司、用户和各种专业评价机构给它创造的科技感、时尚感、前沿科技等叙事体验，人们喜欢其物理功能体验，同时也消费与苹果产品相关的叙事体验。

在艺术品市场上，画廊和艺术评论家是非常重要的叙事体验创造者。电影产业中，影评家和电影评级网站（比如中国的豆瓣网、美国的烂番茄网）也都是非常重要的叙事体验创造者。为什么在电子游戏行业出现了电竞比赛、电竞主播和游戏主播？从玩家的角度来看，他们可以帮助我们更快地了解这个游戏，了解它好不好玩，如何操作，有哪些攻略；而从游戏厂商的角度来看，电竞比赛和游戏主播每时每刻都在为游戏产品创造新的叙事。从电影产业和游戏产业的经验来看，培育专业评论机构和评论家是增加产品叙事体验的一种有效方式。

## 三、叙事体验创造流量，提升场景价值

叙事体验可以创造流量。例如新东方教育公司在遭遇"双减"政策的影响后，为什么能够顺利转型为带货平台东方甄选？以俞敏洪为代表的新东方团队，在"双减"政策发布之后，一方面表态严格遵守规定，另一方面则启动了有条不紊的善后措施，如保证学员学费全额退费，保证教师工资不出现欠薪，将几十万套闲置下来的课桌椅捐给山区小学等。以上行为在全社会大获好评，为新东方营造了负责、有担当、注重公益的叙事体验，不仅聚集了新东方教育之前几十年的参与群体的关注，也引起了全社会的广泛好评和关心。当带有英语教学色彩的董宇辉直播带货推出后，迅速积累了几千万粉丝，并为东方甄选创造了巨大的流量。

一个创新场景要得到用户的接受和认可，也需要良好的叙事体验。支付宝最初是为了解决电子商务中买家和卖家之间的信任问题而出现的，为了赢取第一批用户信任，支付宝做出了"你敢用，我敢赔"的承诺。只要用户的资金在支付宝的使用过程中，发生任何安全问题，支付宝都将全额赔付。这就为支付宝创造了最初的安全叙事体验。支付宝又推出了芝麻信用分来记录用户的诚信行为，信用分高的客户可以免押金使用很多服务，这一举措为支付宝创造了诚信的用户叙

事体验；而通过记录低碳消费行为，收取"能量"来支持蚂蚁森林绿化的活动，更是为支付宝创造了热心公益的叙事体验。

## 第七节　变现与商业模式创新

变现,是软价值经济循环的惊险跳跃和闭环环节。很多一度红红火火的软价值企业都是因为找不到合适的变现模式或在变现环节出了问题,从而造成失败。

软价值经济的变现方式是多种多样的,除了销售产品,还可以有平台变现、内容变现、场景变现、叙事体验(品牌)变现、流量变现、IP变现、数据变现、服务化变现、专利版权变现、金融资本市场变现等多种价值实现方式。有了这些弯曲的价值实现路径,很多平台或产品的价格可以低于成本,甚至可供消费者长期免费使用。

### 一、变现是软价值经济的持续条件

一般而言,变现是软价值生态循环的后置环节,"先有公众价值,后有赢利模式"是软价值变现的普遍规律。

在以数字经济为代表的软价值经济循环中,平台的搭建、产品的开发、流量的创造、场景的创新以及叙事体验的提升都需要巨大的资金投入。因而,不管变现时间多晚,不管变现的路径多么"弯曲",变现总归是软价值经济的持续条件。

微信并不向普通使用者收费,但这并不妨碍他们成为互联网平台中的"印钞机",那是因为它找到了弯曲的变现方法。腾讯微信在推出之初,主要是靠腾讯公司的资金支持来发展,随着微信平台上功能不断完善,人们可以在上面实现即时通信、社交、支付、游戏等功能。随着用户数量越来越多,参与群体规模增大,用户的体验也逐渐提升,这时微信就逐渐通过广告、提供流量入口、游戏分发、支付等方式获得稳定的现金流。

有的软价值平台或产品,却因为找不到变现模式而退场。比如天涯社区是PC时代社区的代表,在最高峰的时候,天涯社区注册用户超过1.3亿人。但是天涯社区坐拥这样庞大的粉丝群体,却一直没有找到好的变现方式,尝试过引入广告却遭到很多天涯老用户的抵制,尝试过社交网络、聊天软件、与网店联合运营、转型成"虚拟社会的生活商务综合平台"等多种变现的模式,但都没有实现赢利,最终不得不黯然落幕。

对大部分数字经济企业而言,在创业期、发展期,主要依靠风险资本、私募股权投资的支持。后续一旦形成成熟的平台和产品,有了稳定的流量和叙事体验,还有丰富的应用场景以及足够大的公众价值,就必须探索、形成多元化的变现模式。

## 二、变现难题

无论是平台变现,还是产品、内容、流量、体验或场景变现,都各有各的难题。

以平台变现为例,平台作为软价值经济循环的起点,在变现途径上有很多的优势。但是如果找不到合理的变现方式,或没有设计好平台与创作者之间的利益分配,也会遇到很多问题。

B站等平台已经具备了可观的流量,但一直未能找到成功的变现路径。分析下来,B站可能是被"永远不加贴片广告"的承诺束缚了手脚。几年前,B站也曾短暂上过贴片广告,但是引发了诸多负面舆论,为此B站董事长陈睿表态:"B站永远不加贴片广告!"据统计,2022年,字节跳动广告收入为680亿元,快手广告收入为490亿元,微博广告营收为 109 亿元，而 B 站广告收入只有 50.7 亿元。

有人分析，像 B 站这样以"专业用户创作视频＋用户生产内容"（PUGC+UGC）为主的中长视频平台，可以借鉴同样类型的 YouTube 贴片广告模式，即可跳过的贴片视频广告来增加盈利。YouTube 的这种广告模式是观看者可选择在 5 秒后跳过广告，一方面用户能控制是否播放广告，另一方面在这个准备点击跳过的过程中又吸引了观看者的注意力，同时这种可选择性又引导广告主提高广告的质量来吸引用户延长观看时间，使得广告本身也成为平台的有效内容之一。①

平台从免费模式转向收费模式，是一个巨大的跳跃，一定要精心设计，尤其要照顾到内容创作者和用户的体验、利益，才能顺利完成变现。

在天涯社区的案例中，我们就看到天涯曾经尝试过广告业务，但是受到很多老用户的抵制，这显然是没有设计好变现模式，也没有设计好与老的内容创作者的利益分配机制。天涯有很强的互联网初期"情怀党"的特征，很多资深老玩家也是不计报酬地贡献优质的内容。如果简单用广告这种模式来变现，同时与社区贡献大的内容创作者分成，或参与者

---

① 周绿绿. B 站没必要在贴片广告上那么保守吧 [EB/OL]. (2023-03-09) [2023-09-02]. https://mobile.yesky.com/414/2147446914.shtml.

的体验等，没有做好充分沟通，结果就会造成变现失败，平台也难以持续经营。

平台与创作者是共生共荣的关系，如果在利益分配上竭泽而渔，对平台和创作者的长期发展都是不利的。数字经济发展到今天，从30%的"苹果税"是否合理，到电商平台对大小卖家、餐饮商铺和外卖小哥的抽成是否过高，关于平台与创作者（包括商家、UP主等）之间利益分配不公平的问题始终是数字经济的热点话题。如果平台利用优势地位，收费过高或变现力度过大，其用户数量增长早晚会碰到天花板，之后必然会进入长期的增长平台期，甚至很可能转入衰落期。

平台变现的关键问题是利益分配机制，在软价值经济中，影响产品变现的关键因素，主要是产品的稀缺性（竞争程度）、产品的IP化能力、产品的服务化能力、产品的引流能力等因素。凡是稀缺性强、IP化能力强、服务化能力强、引流能力强的产品，就具有比较大的变现潜力；反之，产品不够稀缺，或IP化能力、服务化能力、引流能力较弱，就不能盲目效仿前者的变现方法。

流量变现的关键问题，一是变现方式的定位，二是变现频率。很多高流量人群（网红、意见领袖等）都选择了带货或给产品做广告的方式来兑现其流量价值，如果带货的商品或者广告定位过低,就可能削弱体验感。此外,如果变现的广告或者带货的频率过于频繁,也会影响体验感,进而导致流量减少。

场景创新和叙事体验也与软价值经济的商业模式、变现方式互相影响。如果在一开始就给某个场景赋予变现的功能和压力,很可能会限制场景创新的扩张空间和创新动力。例如中国移动的"飞信"软件出现在腾讯微信之前,由于它可以借助互联网实现免费的短信发送,最高注册用户数超过5亿。但是由于平台方中国移动不愿意放弃与其他运营商的短信费收入,导致飞信用户与联通、电信的手机号码无法免费通信,大大限制了用户的使用体验,也限制了飞信进一步的场景创新。

## 三、软价值经济的主要变现模式

销售产品,仍然是软价值经济的主要变现模式之一,只要存在一定的产品稀缺性,就可以采取销售产品或直接收费的变现方式。大多数信息产业的硬件,如智能手机、MR头显、游戏主机等都是用销售产品的方式来变现的。传统的文化娱乐产品,如电影、戏剧、音乐会等现场文娱表演,也是通过售票模式变现。具有一定稀缺性的App,例如天眼查等专业信息查询产品，大部分信息都是收费的，免费的部分只提供很少的服务，主要用来引流。

流量变现，是软价值经济最常用的变现模式。凡是拥有一定流量或引流能力强的平台、产品、内容、场景都可以采用流量变现模式。很多互联网门户网站通过免费提供内容的方式获得流量，然后通过广告进行流量变现。比如 Google、百度等公司通过免费提供搜索服务获得流量，然后通过出卖搜索位置或广告位置进行流量变现；微博和微信通过免费为使用者提供发布信息、交流信息来获得流量，再通过广告、移动支付等方式实现流量变现。

叙事体验变现一般有两种路径。第一种路径，叙事体验价值包含在产品的品牌价值中，通过品牌变现，如阳澄湖的大闸蟹、龙井村的茶叶、中国的丝绸、英国的威士忌、日本的武士刀，其品牌价值都有叙事体验带来的溢价因素。第二种路径，先用叙事创造流量，再通过流量来变现，比如前文提到的大众点评网。

IP 变现是软价值经济的高级变现模式。IP 即知识产权，各种赛事、影视角色、动漫形象都可以通过授权给玩具、服装、文化用品等厂商，或授权开发相关的玩偶、模型、手办、手机壳等，收取授权费。目前，全球最知名的 IP 中，美国和日本的 IP 占比最高，中国的数字经济、文化娱乐等行业也高度重视IP化变现。

IP变现还用在技术、专利、软件算法等领域，通过采取转让、收取授权费的方式实现IP变现，美国高通公司2019—2021年获得的专利费高达159亿美元。

软价值经济中还有个人IP变现，通常需要内容创作者、专业人士先在数字平台积累流量，然后通过流量带货、品牌代言、演讲授课等方式进行商业变现。

数据变现是随着数字经济而兴起的变现模式。很多平台、App、小程序，在提供免费产品的同时，都要求客户授权其收集相关用户数据，再将脱敏处理的数据提供给第三方来变现。例如很多电商平台、地图或者导航服务软件、点评软件所积累的用户行为数据都是重要的商业资源。淘宝给商家提供了阿里指数、生意参谋、竞品分析神器、淘宝助手、数据魔方等数据分析工具，本质都是将平台产生的客户行为进行数据变现的商业模式。

服务化变现，是一种发轫于软件行业的变现模式。一些大型的商业软件本身需要很高的安装、部署和培训成本，对单个客户来说，按套购买使用是不划算的，这时就出现了"SaaS"模式，即软件运营服务模式，让用户能够通过互联网直接连接和使用基于云的应用程序，省去了本地安装、调试、维护的成本。现在已经出现了 Data as a Service（数据即服务）、AI as a Service（人工智能即服务）、Blockchain as a Service（区块链即服务）等新模式。硬件方面，Device as a Service（设备即服务）也已经面世，戴尔等设备商将设备转化为完整的解决方案，通过租借方式提供给用户，并且负责管理设备全套生命周期。

金融化变现是指一些具备流量的数字经济平台通过对接金融产品来获取佣金和沉淀资金的利息收入。比如阿里巴巴、京东、美团、微信等都开通了具有支付功能的金融产品以获得支付佣金，并且提供余额资金管理、销售基金、理财产品等获得渠道收益，还可以运用沉淀资金、拆借资金提供贷款等金融服务获得利息收入。

资本化变现是指软价值企业通过股权融资或股权转让变现，并将股票、期权等作为对员工支付报酬的一种方式。在亚马逊的发展过程中，无论是创始人贝佐斯、其他高管，还是大量的骨干员工，他们的价值实现大部分都是通过资本市场市值增长的方式。亚马逊于1997年上市，当时业绩为亏损2 700万美元，到2023年8月，市值已经超过1.4万亿美元。2021年，亚马逊公司首席执行官安迪·贾西（Andy Jassy）总薪酬为2.127亿美元，几乎都是以股票期权的形式发放的，此外，亚马逊每年向员工发放的股权奖励少则几十亿美元，多则上百亿美元。

总之，解决好变现难题，关键是平衡好平台和内容创作者、参与者的关系，流量和用户体验的关系，场景、体验和收费的关系。与物质财富直接销售产品不同，只有灵活掌握软价值的各种创新商业模式和弯曲、立体、多元化的变现方法，才能保持软价值经济持续发展，保持软价值经济的良性循环。

第六章
# 软价值波动的新规律

由于软价值创造已经不是简单的生产过程，而是创新环境、信息元素、灵感概率、参与群体、叙事体验等众多因素共同发挥作用的新价值创造方法，软价值经济也已经不是"生产—销售"的买卖循环，而是"平台—产品—场景—流量—体验—变现"的新经济循环，因而软价值经济的价格、供求关系、价值运动与物质经济形态就有了本质的不同。深刻理解软价值经济的新形态，对于在软价值经济的管理和投资实践中生存乃至成功，至关重要。

## 第一节　软价值经济的价格与供求关系

### 一、在软价值经济中,价格不再是生产和消费的中心

在传统经济和经济学中,价格的重要性不言而喻。很多经济学家,如弗里德曼、施蒂格勒等,认为自己的经济学理论就是价格理论。

从消费角度而言,价格是核心,因为参与者在收入有限的前提下,根据自己的偏好和物品的价格,决定不同物品的消费数量,来使得自己的效用达到最大。

从生产角度而言,价格也是核心,因为厂商在资金有限的前提下,根据要素的边际报酬、相互替代率以及要素价格,决定不同的要素组合,使得产量达到最大。

总之，传统经济学认为，不管对于参与者，还是生产者，价格都是最重要的因素，在经济中处于核心地位。"世上没有免费的午餐"，购买和消费任何产品都要支付相应的价格。

而在软价值经济中，价格的核心地位发展了变化，很多信息态产品的价格不再围绕所谓的价值波动，而且价值也不再取决于生产成本费用、效用，而是可以长期低于成本，甚至长期免费供客户使用。比如我们使用微信、微博，刷短视频、听音频节目、使用导航软件都是免费的……对参与者而言，限制使用这些信息态产品的，不再是拥有的货币预算多少，而是他拥有的时间和注意力。

## 二、飘忽不定的供给和需求曲线

围绕着产品的价格与产量、销量的关系，马歇尔集前人之大成，全面完善了供给曲线、需求曲线、供给函数、需求函数、供给与需求弹性、边际递减定律等理论。一般而言，供给随着价格上升而减少，需求随着价格降低而增加。每一个单位价格变化所引起的供给与需求变化，叫作供给弹性或需求弹性。边际上的变化如果越来越大，就是边际递增，反之叫作边际递减。

但是在软价值经济中,关于供求关系的一切都不再那么简单、完美。

软价值经济以信息态产品为主,其供给曲线既不是递增的,也不是递减的,而是根本不存在的,或者是飘忽不定的。因为供给取决于信息元素、创新环境和灵感概率,供给方程是一个概率分布方程。

与对物质产品的"线性"需求不同,在软价值经济中,人的需求并非可以精确计算、准确排序的线性变量,而是一种"飘忽不定""测不准"的量子现象。软价值经济的需求曲线也不是递增或递减的,而是可有可无的,或飘忽不定的,因为需求取决于人们的参与意愿、相关叙事和主观认知。

更不同的是,在软价值经济领域,供给方和需求方常常是一体的,而且可以瞬间转换。例如在短视频平台上,分享自己生活的主播,既是供给方又是需求方,在短视频作品下面发表精彩评论引爆这个作品的评论者,既是需求方、参与者,也是供给方;在金融市场,投资者可能瞬间从供给方(卖家)转变为需求方(买家),也可能瞬间从需求方(买家)转变为供给方(卖家)。在软价值经济领域,供给方和需求方不是固定的,而是时时刻刻互相转化的。

## 三、价格和供求都不能脱离经济生态、变现模式

虽然产品的价格不再是软价值经济的中心，产品的供求关系也变得那么不确定。但是价格和供求关系在软价值经济中仍然是无处不在的。比如平台有价格，平台也有供求关系；流量有价格，流量也有供求关系；场景有价格，场景也有供求关系；叙事体验有价格，叙事体验也有供求关系……

这些价格和供求关系，同软价值经济中产品、内容的价格和供求关系一样，必须基于整个软价值生态关系中，结合变现模式来统筹考虑。在软价值经济中，脱离变现模式、商业模式来讨论价格和供求关系，是没有意义的，甚至是错误的。

如果在一个阶段内，产品或内容仅仅是"引流"工具，那么价格就暂时没有意义，而免费的产品供给与需求，则必须与平台、流量、场景、叙事体验、变现模式综合讨论。除了用降价、免费的方式来吸引参与者，软价值经济中有时甚至还通过"反向支付"来创造需求。而一旦到了产品和内容变现阶段，其价格和供求关系就会发生明显的变化。

如果流量暂时还不需要变现，那么流量的价格也没有意义，而免费的流量变化，自然取决于平台、产品（内容）、场景、叙事体验、变现模式等其他循环关系；而一旦流量需要

变现，流量的价格才有意义，流量的供求关系也会出现新的特点。

其他场景、叙事体验、平台的价格和供求关系也同样如此，都必须放到整个软价值经济循环中讨论才有意义，而且其平台、产品（内容）、场景、流量、叙事体验的价格和供求关系都脱离不了具体的变现模式、商业模式。

总之，基于价格和供求关系的弹性分析方法和边际分析方法，在软价值经济中还是很重要的，但是不能绝对地、机械地去定义弹性和边际变化，而是应该从"软价值函数"所揭示的原理以及软价值经济循环的新角度，重新思考价格的作用、供求关系的转换，以及弹性和边际变化的新规律。

## 第二节 软价值域与参照系运动

在互联网、人工智能、虚拟现实世界领域,甚至在知识产品、文化艺术品和金融市场上,软价值在脱离供给过程之后,其价值创造过程并未结束,而是随着参与群体、叙事体验的变化仍在持续变化中。即使在某一个特定时间点,软价值也不是绝对值,而是一个概率分布。软价值不是一个点,而是一个"域",软价值参数变化和参照系的运动,对信息态产品价值的影响,远远大于其本身供给和需求结构变化的影响。

### 一、软价值的分布区间和波动规律

在物质财富领域,产品的价值是相对确定的。劳动价值论、要素价值论、效用价值论、供求价值论,其争论的焦点无非是:价值由劳动决定,还是由各种生产费用决定;是由效用决定,还是由生产成本决定;由商品的稀缺性决定,还是确定的供求关系决定。这些理论虽然有分歧,但是都寻找绝对、精确的价值。

在软价值经济中,信息态财富源自创新思维、参与群体和叙事体验,不仅带有主观性,而且更具跳跃性、非线性、非连续性等特点,根本不存在所谓绝对、精确的价值。

软价值就像双缝干涉实验中的"概率波",当电子枪持续发射电子时,通过双缝的电子并不是像牛顿世界的子弹那样画出一条清晰的弹道,准确地落在某一个具体的位置,而是体现出波的性质,通过狭缝后出现了干涉条纹,这时电子落在哪个位置是不确定的,只能用概率来表述,因此被称为"概率波"。

在观测概率波时,会发现坍缩现象,即从一种不确定的概率分布,落到一个确定的数值,也就是说,本来有无限种可能性,现在只有一种可能性了。以金融资产的价值为例,一只股票的价格一直在不停地变动,我们不能说哪个价格是这只股票精确的价值,但是这只股票的价格会以一定的概率出现在某个区域里,而在每一次交易中,买、卖双方的心理活动决定的报价相遇,这只股票的软价值就发生了坍缩,落在一个确定的成交价上了。

软价值以概率波的形式分布在一定的区域里，如果其在一个有限的区域内出现的概率更大，这个区域就称为"软价值域"。"软价值域"不是绝对的和静止的，可以在吸收信息能量后跃迁到较高的软价值域，也可能在能量耗散后跃迁到较低的软价值域。

在软价值域中，软价值有可能是无限发散的，也可能是有限发散的，还有可能发散到一个极限后开始逆转，反向运动变为收敛。显然，在软价值经济中，我们必须放弃在固定点上寻找软价值精准定位的做法，而是要更多地用概率思维来把握软价值的分布区间和运动、分布规律。

## 二、参照系运动对软价值的影响

参与群体和叙事体验对软价值的影响，常常综合体现为参照系的运动和参数的改变。

对物质产品而言，虽然同一产品在不同的国家、地区也有价格差异，但是如果剔除关税、汇率、运输成本等影响，基本上价格差异不大。但对于信息态产品而言，情况就不一样了，同一个信息产品，在不同的参照系中，因为参与群体和参数、叙事体验等不同，软价值可能有非常明显的差异。

比如，同一家上市公司带来的增长、分红是一样的，但是如果在不同的交易所上市，其股票的价格往往会有很大的差异。因为不同市场的参数，如汇率、利率、物价指数、风险溢价等，都有很大不同。

又比如，同样的文学、舞蹈、歌剧等文化艺术品，在几十年前的价值和今天的价值也可能有天壤之别，在美国和中国的相对价值可能有巨大的差异。这些都是因为不同文化参照系的具体参数差异。

在软价值经济中，一种信息态产品的价格波动，常常不是因为它自身有什么变化，而是因为参照系的整体价值运动方向变化了，或者参照系中的重要参数发生了变化。比如：金融资产的价格变化，通常都是因为参照系本身的系统变化；利率、汇率、投资者的风险偏好等的变化；当文化潮流、生活方式等发生明显的改变之后，本来处于膨胀过程中的信息态产品可能面临被读者、听众、观众、玩家迅速冷落，甚至放弃，造成相关产品软价值的迅速收缩。

显然，对于信息态产品而言，参照系本身的参数变化所带来的软价值变化，有时候会远远大于该产品本身的成本构造和需求结构改变所引起的价格调整。因而，把握整个参照系的运动方向、观察核心参数的变化，有时候比分析单个信息态产品本身的价值更重要。

## 三、要素价值、成本费用与软价值

亚当·斯密、大卫·李嘉图以及其他工业社会早期的劳动价值论（一元价值论）者，都认为劳动（生产商品的社会必要劳动时间）是价值的唯一源泉，否认其他生产要素的价值创造作用。这在之后200多年的工业社会中早已被证明是不符合事实的，除非生产要素只有劳动，否则资本、土地、技术、管理等生产要素都创造价值。中共中央十八届三中全会所指出的："让一切劳动、知识、技术、管理、资本的活力竞相迸发，让一切创造社会财富的源泉充分涌流。"就是对劳动要素价值论的发展，并且承认了多元要素价值论。

要素价值论认为产品的价值是由生产这件产品的要素贡献的，古典经济学的鼻祖威廉·配第有句名言："土地为财富之母，而劳动则为财富之父和能动要素。"农民种地，工人生产产品，都是劳动和自然物质相结合产生了物质产品。在工业社会，要素价值论是成本费用理论的基础，只是要素不再是二元的，而是增加了资本、技术、管理等新的生产要素。

到了软价值经济时代，要素价值理论最重视的成本概念与以往完全不同了。对信息产品而言，劳动、土地、资本等要素成本并非创造软价值的主体，而创新环境、信息要素、灵感概率、参与群体和叙事体验才是软价值的源泉。

来源于物质产品的所谓固定成本、可变成本等概念，被信息态产品的开发成本、迭代成本取代。在互联网、人工智能、虚拟现实世界领域，一旦超过某一个临界点，普遍存在信息态产品的边际成本为零的情况，使得信息产品的传播速度远远高于物质产品的市场扩张速度。

更重要的是，对物质产品而言，生产一旦结束、产品一旦脱离供给方，价值创造过程就宣告结束了。而在软价值经济中，供给侧的价值创造结束后，需求侧的价值创造——参与群体、叙事体验的变化才刚开始：参与群体可以变大，也可以变小；叙事体验可以为正，也可以为负。软价值的变化是一个长期持续的过程。

例如，中国的《西游记》《红楼梦》，历经数百年，它们的价值不但没有"磨损"，反而越来越熠熠生辉。实际上是由一代代读者、听众、观众参与阅读、欣赏，并传播、点评，演绎出各种新故事，甚至拍成电影、电视剧，制作成游戏、玩偶等，几百年的参与和叙事创造的软价值早已超出了当初的创作成本，自然不是传统的要素和成本理论所能解释的。

## 四、效用、供求关系与软价值

效用的概念虽然是更早的经济学家提出，但是奥地利经济学派的创始人之一卡尔·门格尔对效用价值理论发展的贡献最大。门格尔认为，商品的价值并非来自其固有特性或劳动成本，而是由个体主观评价所决定。门格尔的效用价值理论强调了价值的主观性和边际效用的概念，为解释市场行为和价格形成提供了理论基础。

门格尔的效用价值论揭示了人们的主观需求对价值的影响，离发现价值的真相又近了一步，但还没有发现软价值经济学所提出的在需求侧通过参与群体和叙事体验来创造软价值的原理。

此外，在软价值经济中，效用的边际变化也与物质经济有所不同。比如一首歌可能听几遍就觉得厌倦，一部电影看一次就觉得已经足够，信息产品的边际效用递减。在有些情况下，信息产品的边际效用不变。比如：只要有时间，"俄罗斯方块"似乎可以无限地玩下去，并不觉得厌倦，也不觉得刺激；有些音乐可以作为背景音乐无限循环，关掉它会让我们觉得空白，而播放中我们又不会去注意。而在有些情况下，边际效用又是递增的。比如人们会欲罢不能地看完一部连载网文并不断催促作者快点更新，会通宵打一个游戏而不觉得疲倦，会将一部电影看了又看，不但不觉得厌倦反而会觉得每次都看出了新意……总之，软价值经济的价值变化更多地表现出随机性，其边际效用有时候是递减的，有时候是不变的，有时候则是递增的。

需要补充说明的是，马歇尔的"供求关系价格决定理论"与劳动价值论、要素价值论、效用价值论有所不同。它关注的重点是价格的变化，而非产品的内在价值，它既不否认产品的价值由生产费用决定，也不否认效用和需求的作用，因而对商品价格的认识更全面，更接近经济实践。

但是，软价值经济中的平台、产品、流量、场景虽然都有各自的供求关系，但其供求关系的均衡点并不是价格，而是更复杂的传导和循环关系。如果平台供不应求，平台并不会向参与者涨价，而是会收割更多流量。反之，如果平台供大于求，其使用价格也不会从零变为负，而是会重新瓜分流量。而流量的供求关系变化，不仅直接体现在价格变化上，而且取决于变现模式。场景、产品（内容）、叙事体验的供求关系变化也一样，会传导到整个软价值经济循环中，在整个循环过程中的不同环节，有不同的表现形式。

## 第七章
# 软价值经济周期

自从进入工业社会，人们就经常被经济周期所困扰。尽管不同的历史阶段经济周期性波动的原因并不相同，但总体而言，是房地产周期、制造业厂房设备更新周期、存货周期等物质经济的周期在主导、影响着商业、服务业等物质经济周期。但是在以数字经济为代表的软价值经济时代，信息态世界的膨胀与收缩有其自身的规律，数字经济、文化娱乐、金融等物质经济的周期开始主导并影响制造业等物质经济的波动周期。那么，主导软价值经济周期的关键要素与规律有哪些呢？

## 第一节　软价值经济周期

软价值经济的波动周期，其物质部分仍然受到传统经济周期的影响。不过，影响软价值经济周期的主要因素不再是物质产品的供求波动，而是创新的集中涌现与退潮、参与热度系数变化、宏观叙事。这与软价值函数 $Vs=I \cdot N^m$ 中所包含的创新函数、参与群体、体验价值是一致的。

### 一、创新周期：创新的集中涌现与退潮

大约 100 年前，著名经济学家约瑟夫·熊彼特说："企业家的集中涌现，是经济繁荣的唯一原因。"考虑到熊彼特一贯从企业家精神和创新的角度来定义企业家，因而这句话也可以理解为创新的集中涌现是经济繁荣的主要原因。

熊彼特认为，在工业革命出现之前，虽然也有经济，但是因为没有企业家创新，因而经济知识处于静态的"循环流转"，即便有新增人口、土地投入带来的经济增长，也不算是真正的经济发展。只有当工业革命出现以后，企业家创新逐渐增多，才叫经济发展。

在软价值经济时代，无论是农业、工业，还是传统服务业，如果没有创新，其实也就类似熊彼特所说的"循环流转"，而一旦创新集中涌现，自然带来全球经济的繁荣周期。

根据创新函数：

$$I = A \cdot \varepsilon \cdot f(L_{effective}, K, i, E)$$

$$L_{effective} = \int L \cdot P\% \, dt$$

无论是创新环境的变化，还是信息元素的积累，还是具有灵感概率的科学家、企业家、创意人员的成长、聚集，都有周期性涌现的特征。科学技术的重大突破，常常会带来创新的集中涌现；更自由的政治环境、舆论环境，或封闭经济改革为开放经济，也会带来创新的集中涌现……反之，一段时期没有基础科学领域的重大突破，更多的管制或封闭，造成创新的减少，从而引发经济衰退。

软价值经济的创新周期与新供给主义经济学的新供给周期基本吻合。新供给经济学认为，当新供给集中涌现的时候，就是一轮经济繁荣周期；而当新供给较少、供给老化较多的时候，经济就呈现衰退的特征。例如在苹果公司创造出智能手机之前，世界对它的需求是零，新供给创造了新需求，引领和改变了人们的生活方式，才带来新的经济增长。

新供给经济学把一个经济周期划分为四个阶段：新供给形成、新供给扩张、供给成熟和供给老化。

第一阶段，新供给的形成推动经济复苏，这与软价值经济的创新周期相一致。如果没有足够体量的新技术、新产品、新商业模式等新供给形成，仅仅在老的经济结构下，不论是靠货币政策、财政政策还是其他政策刺激，经济都无法摆脱老的循环，很难出现经济复苏或持续的繁荣。而一旦很多产业进入新供给形成阶段，整个经济的供给创造需求的能力就开始逐步提高，生产要素开始从供给老化的领域向新供给领域转移，全要素生产率有所提升，经济潜在增长率开始逐渐提升，经济呈现复苏迹象。比如当前的通用人工智能和元宇宙技术就处于新供给形成阶段。

第二阶段，新供给的集中涌现推动经济扩张。新技术、新产品、新商业模式等新供给的比重越来越大，并成为经济的主力军，经济必然进入上升和繁荣阶段。随着供给创造需求的能力进一步提高，供给和需求的增长速度明显加快。越来越多的生产要素投入新供给领域，全要素生产率提升。例如在苹果智能手机问世 3 年之后，引发了全球的相关创新高潮，不但三星、华为、小米、OPPO、ViVo等智能手机纷纷问世，而且各种App创新层出不穷，新供给创造出大量新需求，全球经济进入移动互联时代。

第三、第四阶段，经济发生周期性危机或衰退的深层次原因是供给结构趋于成熟和老化。随着供给成熟和老化产业成为经济的主体，老化供给不能创造等量的需求，供给创造需求的能力下降，导致供过于求、库存过剩，供给和需求的增长率开始显著下降，设备利用率下降，全要素生产率降低，导致经济增速下降，经济进入衰退期。例如大约在2019年之后，以智能手机为代表的电子消费品进入供给成熟阶段，其创造新需求的能力逐渐下降也给各国经济增长带来压力与挑战。

在数字经济时代，无论是对平台、产品、内容，还是对场景、流量、体验而言，几乎所有的需求都是新供给创造出来的。也就是说，创新周期、新供给周期成为经济景气波动的主要原因：在新供给形成与扩张阶段，新供给创造新需求，引领和改变人们的生活方式，1个单位的有效供给创造出$n$个单位的有效需求时，体现为经济的上升周期；反之，在一定时期内缺少新供给形成，供给过剩和供给老化的阶段，1个单位的有效供给创造出$1/n$个单位的有效需求时，体现为经济的下降周期。

从创新周期的角度看，2023年人工智能大模型的爆发和苹果MR虚拟现实技术的突破，成为开启全球经济新周期的力量，至于能否真的形成全球经济的复苏、扩张，关键在于这些新供给形成的规模和扩张的力度。

## 二、参与热度系数与经济周期

根据软价值创造的参与群体（$N$）方程：

$$N=f(P,\omega)\cdot X^t$$

当参与热度系数 $X>1$ 时，参与群体随着时间扩大；当参与热度系数 $X<1$ 时，参与群体随时间收缩。

微观的参与群体膨胀与耗散，尤其是人们参与经济的热度系数变化，对整个经济总体的软价值经济波动也有周期性影响。

比如，由于一个国家人口中年轻人占比提高、改革开放或其他原因，人们参与经济活动的数量增加、热情高涨、频率提高，就会出现经济繁荣；反之，当出现人口老龄化、经济政策管制增加、经济封闭或其他原因造成人们参与经济的热度系数下降，中老年人选择提前退休、回归家庭，年轻人中"躺平"群体增加，经济参与群体耗散，就会进入衰退周期。

又比如，由于出现互联网、移动互联网、人工智能大模型这样的新技术和产品时,造成人们对经济活动参与热度系数迅速提高,经济就会出现繁荣周期;反之,由于疫情、自然灾害等原因,造成人们参与经济活动的热度系数下降,就会出现经济衰退周期。

无论是数字经济、文化娱乐产业、知识产业,还是金融及其他服务业软价值经济,其软价值经济的运动规律都基本相似:正常认知传播,可以提升它们的价值;而一旦参与热度系数暴涨,走向类似于"传销"的热度,或金融市场出现严重"泡沫",严重背离了可持续的存在认知承受度,最终必然会造成认知群体的瓦解、认知系统的崩溃,以及软价值的蒸发、异化、变形。

因此,软价值经济时代的宏观经济风险之一,是参与热度系数提高到软价值经济过度膨胀,以及参与热度系数骤然下降,造成软价值经济收缩导致的信心崩溃,以及相关的连锁反应。

## 三、宏观叙事与经济周期

在工业时代,人们已经关注到预期对市场的影响;在软价值经济中,宏观叙事对经济预期和经济周期的影响变得更为重要。

以资本市场为例，很多情况下，同样一个事件或经济指标，既可以解读为正向叙事，也可以解读为负向叙事，叙事方式会直接影响资本市场的涨跌。当正向的叙事成为主导时，资本市场趋于上涨；当负向叙事成为主导时，资本市场趋于下跌。

这就如同软价值函数中，当叙事体验 $m > 1$ 时，叙事促进软价值创造；当叙事体验 $m < 1$ 时，叙事对软价值的影响是负面的。

对经济现象的宏观叙事，可以是经济指标的产物，也可以是影响经济指标的原因，二者的因果关系是可逆的。例如这些年互联网、平台经济、教育培训、网络游戏、民营企业等相关叙事变化，对于这些行业的扩张与收缩至关重要。

一个阶段内，如果正面的宏观叙事在社会上广为传播，经济就会蓬勃向上；而一旦负面叙事深入人心，相关行业和经济体就会陷入衰退。

当然，宏观叙事必须是人们内心相信的叙事，如果人为制造一些人们并不相信的虚假叙事，可能会形成反向的影响。

总之，宏观上的软价值经济周期变化，与微观上的软价值函数的关键因素是一致的：创新的集中涌现、参与经济的人口数量增加和热情提高、正面的宏观叙事深入人心，都可以推动经济进入繁荣上升周期；反之，创新的阶段性退潮、参与经济的人口减少和参与热情降低，以及负面宏观叙事的不断放大，往往会造成经济增速下降，甚至造成经济衰退。

## 第二节 传统经济周期理论还有用吗

在以物质财富为主的工业时代,数字经济尚未起步,文化娱乐、知识产业、金融业等在经济中的占比也比较低,因而软价值经济总体跟随制造业的周期性变化而波动。在软价值经济为主导的时代,软价值经济周期会影响甚至决定物质经济的运行周期,此时,那些物质经济周期的因素,其影响经济的逻辑和作用有什么变化呢?

### 一、总供求关系的变化造成经济周期性波动

19世纪初期,西斯蒙第(Sismondi)和罗伯特·欧文(Robert Owen)几乎同时发现资本主义周期性经济危机现象。他们认为经济危机是由于生产过剩或消费不足引起的。在利

润的驱使下，资本家会生产越来越多的商品，直到引起生产过剩；而贫穷的工人却因为购买力不足，造成消费不足。

19世纪中期，上述理论被马克思进一步发展，他认为经济的增长不可避免地造成贫富差距的扩大，一方面是资本主义扩大再生产的内在动力，另一方面工人被剥削而相对贫困，结果必然产生相对生产过剩和经济危机。

以西斯蒙第、欧文和马克思为代表的生产过剩或消费不足理论，实际上只是解释为什么每隔几年就会出现经济危机，但并没有提出完整的经济周期理论。从消费不足来系统地解释经济周期的理论，是20世纪30年代出现的凯恩斯经济学。

马克思关于经济危机的判断和凯恩斯的经济周期理论有很多相似之处，也有较大的不同。虽然二者都从生产过剩或总需求不足来解释经济危机的原因，但是在进一步解释如何形成生产过剩或需求不足方面，马克思认为是收入分配的不平等，凯恩斯则强调边际消费倾向递减等心理定律。至于经济危机的解决之道，二者虽然都强调政府干预，但是对于干预的方式则有截然不同的办法：马克思提出了公有制和计划经济作为解决之道，而凯恩斯则认为资本主义市场经济制度本身没有问题，解决的办法是用财政政策和货币政策干预作为市场力量的必要补充。

二战以后,计划经济学和凯恩斯主义经济理论同时成为当时最流行的经济学理论——西方资本主义国家普遍采用了凯恩斯主义的理论干预经济,同时也开始重视提高工人福利,促进平等;而以苏联和中国为代表的社会主义国家则采用了计划经济理论,建立了公有制为主体的计划经济体制。

20世纪70年代末,计划经济学和凯恩斯主义经济理论又几乎同时受到严峻挑战。苏联和中国都在该时期陷入了经济低效率,人们开始质疑计划经济;西方市场经济国家20世纪70年代的"滞涨",也使凯恩斯主义经济理论陷入两难。

也许因为在关于对生产过剩或消费不足造成经济危机的认识,以及主张政府干预等方面的相似性,中国经济决策部门在逐步放弃计划经济手段之后,又在20世纪90年代中期很自然地拿起凯恩斯主义的工具来对经济进行干预。结果,不论是凯恩斯主义还是计划措施,都对中国经济发挥了一定的积极作用,同时也带来一系列相关问题。比如:每一次总需求刺激措施都会留下越来越多的政府债务和结构性问题;每一次货币紧缩措施会伤害到民营企业,并造成资本市场暴跌;每一次用行政计划手段去干预企业产能、库存,往往会造成大量中小民营企业亏损、关闭。

## 二、物质产品的供给波动造成的经济周期

1860年,法国经济学家克里门特·朱格拉(Clèment Juglar)首先发现了7—11年的经济周期——后来熊彼特提出这个7—11年的经济周期本质上是固定资产的投资周期,并称之为"朱格拉周期"。熊彼特还首先把一个完整的经济周期划分为扩张、危机、衰退、复苏四个阶段。

1923年,英国经济学家约瑟夫·基钦(Joseph Kitchin)提出了3—5年的经济周期,也就是存货周期,后来被命名为"基钦周期",这是时间最短的供给波动周期。

1930年,美国经济学家史密斯·库兹涅茨(Smith Kuznets)提出了15—25年的经济周期。这个周期与房屋建筑有关,被命名为"库兹涅茨基础设施建设周期"。

1966年,美国经济学家雷蒙德·弗农(Raymond Vernon)提出了产品生命周期理论。这个理论从产品的生命周期角度描述国际贸易——新产品、成熟产品、标准化产品如何在国际贸易市场流通。弗农认为,一个产品生命周期包括五个阶段:导入期、成长期、成熟期、饱和期、衰退期,这也从另一个角度解释了经济的波动。

1925年,苏联经济学家尼古拉·康德拉季耶夫(Nikolai Kondratev)发现了45—60年的经济长周期,后来被称为"康

## 第七章 软价值经济周期

德拉季耶夫长周期"。由于康德拉季耶夫长周期与新技术革命基本同步,大部分经济学家都认可这是技术革命作为新供给驱动力造成的经济周期。比如:第一次长周期大约是1787—1841年,主要是受到纺织和冶金工业革命的影响;第二次长周期大概是1842—1897年,主要受到蒸汽技术和铁路技术革命的影响;第三次长周期是1898—1945年,主要受到电力、化工、汽车工业技术的进步驱动;第四次长周期是1946—1990年,主要受到石油化工、电子、通信技术的驱动;而第五次长周期从1990年至今,主要受到互联网、新材料、生物基因等技术的驱动。

以上经济周期其实都是从物质产品供给出发的经济周期:康德拉季耶夫长周期实际上是重大新技术供给驱动的经济周期,朱格拉周期是厂房设备新供给驱动的经济周期,库兹涅茨周期是建筑设施新供给驱动的经济周期,产品生命周期是新产品供给驱动的经济周期,基钦周期是存货新供给周期。然而,所有这些理论都是建立在物质经济尤其是制造业为主体的经济结构中。如今,制造业在中国和德国的比重已经低于30%,在日本、美国、英国、法国的比重低于20%。在这样的情况下,这些传统的理论还能够用来预测新经济的周期吗?

## 三、需求波动和金融周期

凯恩斯主义经济学就是典型地从总需求波动来解释经济周期。凯恩斯认为，边际消费倾向递减、货币流动性偏好和资本边际效益递减等三大定律会造成消费不足和投资不足，进而造成总需求越来越低，并引起生产过剩和失业，且单靠市场的自身力量无法恢复均衡，从而发生经济危机。按照凯恩斯的观点，经济危机的解决之道是政府采用财政政策和货币政策，通过积极的干预来调节总需求。凯恩斯主义的总需求干预政策提供了一个摆脱经济衰退的有效解决之道。

金融周期也是造成经济周期性波动的主要原因之一。

首先央行的货币投放会影响经济周期。前文提到一个国家发行货币是否能带来财富的增加？事实上，货币对家庭而言是一项实实在在的资产，对货币发行者（本国央行）而言则是负债。一个国家所拥有的外汇储备也一样，对本国来说是一项资产，对货币发行国而言，那是一项债务。每一次货币发行，在货币持有人的资产价值增加的同时，货币发行人的债务必然同步增加——两项相抵等于零，所以货币发行不增加真实财富。因此亚当·斯密说："国民财富不是由不能消费的货币财富组成的，而是由社会劳动每年生产的可消费的货物组成的。"

## 第七章 软价值经济周期

货币发行虽然不能增加真实的消费和服务产品，但是它对社会财富的影响并不是虚假的。正如著名的宏观策略投机者乔治·索罗斯（George Soros）所说："信贷的收缩与扩张是全球经济不稳定的源泉。"当然，能够引起信贷收缩与扩张的并不只是中央银行的基础货币投放，还有商业银行的信贷扩张、资本市场的市值涨跌、房地产等资产市场的膨胀与收缩等，都会影响经济周期（见图 7-1）。

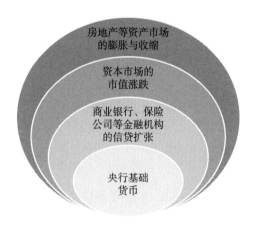

图 7-1　引起信贷收缩与扩张的因素

以股市为例，股市的上涨与下跌的影响绝不限于金融领域。当股市上涨时，上市公司股票市值扩张，刺激股权抵押融资增加，直接促进公司投资；而股市持续下跌，公司股票价值缩水可能引发债务紧缩甚至流动性风险。当股市上涨时，公司通过收购上市公司实现产能扩张的成本较高，并购重组不如新建产能；当股市下跌，很多上市公司估值往往会跌破其净资产，公司可以通过低成本的资本市场收购实现扩张，避免新增投资开支，导致投资活动减少。以美国为例，2009年以来，美国道琼斯指数的长期上涨，极大地刺激了美国居民的消费和企业的投资，从而使美国经济持续复苏。

房地产等更广义的资产价格波动对经济周期的影响与资本市场一样。资产价格的上涨会促进消费、投资活动，推动经济扩张；反之，房地产等资产价格的下跌，则会抑制消费和投资活动，造成经济衰退。

## 四、传统周期因素对软价值经济的影响

以上关于经济周期的各种分析，基本上都是以农业、制造业、采掘业、交通运输等物质经济为基础，所有的产能、产量、库存、厂房设备、固定资产投资都是针对物质产品的供给而言。

对于非物质经济，比如数字经济、知识教育、文化娱乐，虽然也有供给，但是却不会有库存；虽然也有需求，但是需求并非刚性，因而套用物质产品的供求关系分析原理，未必完全适用。

不过，考虑到物质态财富和信息态财富本身是融合发展

的,尤其是在以物质财富为主的工业时代,软价值经济总体跟随工业的波动而波动,因而这些经济周期分析方法对于分析整个经济体的波动是有效的。

但是当数字经济占比超过50%,加上文化娱乐产业、知识教育产业、金融业后,软价值经济占比总体超过80%,[①] 软价值经济的供给和需求恐怕就不再是被动地跟随物质经济的波动而波动,而是对物质经济的影响越来越大。

以电子信息产业为例,人工智能大模型在各行各业应用场景的发展,带动算力、芯片、光模块、存储芯片(包括HBM)、PCB等相关制造的增长。硬件设备制造业的经济周期,取决于人工智能的应用场景,以及元宇宙相关应用场景的爆发速度:应用场景越多,对上游物质产品的需求越旺盛;反之,应用场景越少,对相关物质产品的需求也越少。例如,2023年1月,ChatGPT用户突破1亿,引发了人工智能芯片的需求暴涨,造成数据中心和服务器的上升周期。2023年9月,ChatGPT对付费用户开放了图形和声音功能,这又会造成进一步的算力需求提升,从而带动数据中心建设,以及服务器、交换机等物质经济的进一步增长。

---

[①] 以美国为例,农业在GDP占比不足1%,制造业占比降低到10%左右,非物质财富占比80%。如果以中国为例,农业占比7%左右,制造业占比26%,即便加上采掘业、建筑业,物质财富占比不足40%,非物质财富占比超过60%。

文化娱乐产业更是这样，内容创作和舞蹈演出的数量决定了舞台设备的增长，文学作品、电影脚本的创作会带动拍摄设备、电影院线建设、电视播放设备的需求。

在教育培训、会议论坛产业，教育培训的内容需求决定了教育场馆、教学设备的增长，会议论坛的质量和规模决定了场馆、录像和报道设备的增长。

以上非物质经济的总需求波动，叠加物质经济的需求波动，所形成的总需求周期仍然是影响经济周期的重要因素。针对总需求调节的宏观政策，比如货币政策、财政政策等依然有效，只不过其作用过程更多地通过数字经济、文化娱乐产业、知识产业、金融市场等软价值经济来发挥作用。

软价值经济时代，金融周期对数字经济、文化娱乐产业、教育培训产业及其他服务业的波动影响更大。不仅如此，数字货币的出现又成为影响未来金融周期的新的重要因素。如哈耶克所说："货币并不是必须由政府创造的法定货币。像法律、语言和道德一样，它可以自发地出现。"虽然去中心化的数字货币目前还只是在很小的应用场景下流通，但是随着全球数字货币的应用场景增加，未来其对经济周期的影响也值得人们高度重视。

## 第三节　未来经济周期与风险展望

### 一、数字经济 2.0 的创新周期

在 OpenAI 公司创办之后，短短半年时间，美国和中国各自出现了 80 多个人工智能大模型，有通用大模型，也有垂直大模型。在苹果 MR 眼镜推出之前，很多公司都发布了 AR 眼镜，而 MR 眼镜的推出又引发了一场新的竞赛。预计从 2024 年开始，全球 MR 眼镜的竞争将逐渐展开，MR 眼镜将成为更有吸引力的全新互联网入口。

在智能化和场景化的数字经济 2.0 时代，各种新产品、新内容、新场景的爆发量将超过互联网、移动互联网时代。然而，就如同在 2007 年苹果智能手机问世时，我们很难预测这一场移动互联网革命会催生微信、抖音、网约车等新的产

品、内容和场景创新一样,如今在2023年,我们也很难去想象、推测未来智能化、场景化数字经济时代会出现多少更绚丽的新内容和新场景。

人工智能和虚拟现实技术的发展,让数字经济从互联网阶段升级到智能化和场景化阶段,那么这些新技术对经济周期有哪些具体影响呢?

有人说人工智能、虚拟现实技术对经济周期的影响不亚于蒸汽革命、铁路革命、电力革命、石油化工业革命,不亚于通信革命和互联网革命,这样的判断总体上是没问题的。但是,之前的几次技术革命,蒸汽革命、铁路革命、电力革命都带来50年左右的经济增长,而这次人工智能、虚拟现实技术对全球经济周期的影响时间长度,恐怕不是50年,而是比之前的康波周期要短。

人工智能、虚拟现实技术革命更像互联网革命,哪怕它蕴藏的经济能量和前几次技术革命能量一样大,但传播速度更快、时间更短,其对全球经济周期的影响有可能20年内就释放完。不仅如此,人工智能、虚拟现实技术的影响绝不只是体现在GDP增长方面,而是更多体现在对原有的生产方式的替代和改变上——大部分这种改变和替代效应,可能并不带来经济增长。以互联网对商业的影响为例,过去20年互联网电商大发展,增加了参与者福利,促进了社会分工,但是大部分电商销售取代的是传统的线下店面销售，并不都是商业总量的增长。

从新供给经济学的视角来看：新供给如果仅仅替代老供给、满足老需求，带来的经济增长是零；只有新供给创造新需求，才能带来真正的经济增长。人工智能和虚拟现实等新的数字经济形态，如果仅仅是替代老的生产方式，并不会带来明显的经济增长；只有这些技术带来新的生产和生活方式，带来新的需求增长，才会带来经济增长。但是这种新供给对老供给的替代，对经济增长模式的影响、生产效率的提高、人类福利的促进，也是巨大的、不可限量的。

根据高盛的预测，人工智能在未来10年将带来7万亿美元的价值，也就是累计带动全球经济增长7%以上。另根据麦肯锡的一项研究，人工智能将会给中国经济带来6 000亿美元以上的增长。这些恰恰是前文所说的基于牛顿世界观的预测。智能化和场景化的数字经济时代，信息世界的变化规律与牛顿世界的变化规律是不一样的，大部分变化是非连续、非线性、不确定的，因而这些确定性、线性的变化预测都是不科学的，也是不可信的。

就像之前的互联网平台、智能手机一样，未来，人工智能大模型、MR设备，将成为几十亿人新的流量入口。在未来的智能化和场景化数字经济时代，如果人们的工作和生活都离不开某几个大模型或以 MR 为代表的虚拟现实设备，那必然将再次改写数字经济的格局。

在智能化和场景化的数字经济时代，算力、算法，尤其是 AI 算力芯片、存储芯片、数据中心将再次开启巨大的、爆炸式的需求增长，并带来新的增长机会。在美国，英伟达公司的市值已突破万亿美元，超威公司（AMD）也正在迎头赶上，中国的算力和存储产业正在以前所未有的速度迅速增长。

总之，继互联网数字经济之后，人工智能和虚拟现实技术又将把我们带入智能化、场景化的数字经济时代。这是一次前所未有的、伟大的技术革命，就像互联网对各行各业的影响一样，将开启一个 20 年的新经济周期，现有的各种预测都低估了它的影响。智能化和场景化数字经济革命，其更重要的影响是生产效率提高和福利改善，正如任正非所说，人工智能软件平台对人类社会的直接贡献可能不到 2%，98% 都是对工业社会、农业社会的促进。

## 二、软价值经济的宏观风险

软价值时代的经济周期与农业社会的周期性粮食危机不同，与物质经济的各种经济周期波动也不同，虽然受到物质经济周期的影响,但更多的是由软价值经济自身的创新周期、参与者热度系数、宏观叙事等三大因素决定。其中,创新周期与新供给经济周期、康德拉季耶夫周期一致;参与者热度系数、宏观叙事,则与总需求周期和金融周期相吻合;物质产品的库存周期、厂房设备周期、房屋建筑周期在宏观上影响越来越小,并且跟随软价值周期而波动。

软价值经济的宏观金融风险,既不像农业社会周期性粮食危机一样是致命的,也不像工业经济的周期性通胀、衰退那样会迅速影响人们的物质生活乃至社会稳定。在常规情况下,软价值经济的价值波动直接影响的只是人们的心理感受:软价值提高,人们的幸福感提升;软价值降低,人们的幸福感降低。然而在常规波动范围内,由于价值波动风险集中在数字经济、奢侈品、金融资产、文化娱乐业等领域,所以对人们的衣食住行等日常生理需求影响并不大。

例如一瓶名酒如果十年内从100元增至1 000元,或从1 000元跌到100元,虽然对拥有者、品尝者的心理感受有影响,但是从它带给人们的生理感受而言,不论酒的价格如何,它始终是一瓶酒。对于那些用上千万元的价格购买名画的人而言,哪怕后续价格下跌,他们也能承受。显然,软价值经济下行周期的风险与农业社会周期性粮食危机所带来的风险有很大区别,一般不会影响人们的生存。

软价值经济的大幅波动所带来的就业风险值得高度重视。除了创新创业活动减少带来的就业机会减少之外，随着越来越多的传统就业岗位逐步被人工智能和机器人代替，大部分就业岗位都转移到数字经济产业、文化娱乐业、知识产业，但是由于这些软价值产业有很多自由职业者，如果不是严重的软价值系统崩溃，其带来的失业对社会的压力将小于传统物质经济的同等失业水平，所以其风险容易被忽视。

软价值经济时代，各种股票、债券、金融衍生品、数字资产，都会产生剧烈的价格波动。这种价格波动在一定的波幅、频率和运动区间内是可以接受的，若超出一定的波动幅度、频率和波动区间，就会造成系统的混乱和不稳定，甚至系统崩溃。中国金融监管部门把很多信托产品、私募基金的认购起点定位在 100 万元，是为了尽量避免中低收入者参与高风险金融产品，保障其财产安全。

在数字经济为代表的软价值经济时代，要维持数字产品、文化娱乐产品、知识产品，以及金融市场的系统稳定，需要"让软价值可持续地发酵"。无论是苹果、微软、亚马逊、谷歌等数字化平台，还是迪士尼、好莱坞电影等文化娱乐产品，这些软价值经济的发展，都是因为持续的创新、全球越来越多人的参与，使叙事体验价值不断地、持续地发酵。反之，如果一个软价值产业，或者一个国家的经济没有持续的创新，参与群体越来越少,宏观叙事越来越负面,其软价值就会萎缩甚至崩溃。

总之,由创新函数、参与群体、叙事体验所带来的软价值创造的过程,以及由创新的集中涌现与退潮、参与热度系数变化、宏观叙事等变化所带来的软价值经济周期性变化在所难免,但是只要这种周期性波动是良性的,就不会带来宏观风险。

第八章
# 软价值经济的财富流向与分配

农业社会的财富分配主要在土地所有者和劳动者之间展开；工业社会的财富分配主要围绕资本和劳动展开；而在数字经济时代，财富分配主要在平台、内容创作者、参与者、数据要素所有者之间展开……从当前的财富流向与分配规律来看，全球各国财富都在向平台集中，也许10年以后，就会出现市值超过10万亿美元的平台公司。

## 第一节　软价值经济时代的财富流向

不管在什么时代，对财富流向影响最大的都是创造财富的稀缺要素，而能够聚集财富的则是稀缺要素中的不流动要素。在软价值经济时代，如果财富的源泉变了，价值创造的过程和方法也变了，尤其是创造财富的稀缺要素和不流动要素都发生了重要变化，那么财富的流向会有哪些新的规律呢？

### 一、财富流向的新变化

在采集狩猎时代和早期农业时代，土地并不是稀缺资源，人口和劳动是核心生产要素，人口聚集的地方就是财富聚集之处。

随着人口的增加,土地开始变得相对稀缺,成为核心生产要素,掌握了土地就掌握了财富。而从全世界来看,哪个国家肥沃的耕地最多,哪个国家就最富有。所以"四大文明古国"都是从大河冲积平原发展起来的,比如当时古埃及的尼罗河流域、古巴比伦的幼发拉底河与底格里斯河流域、古印度的印度河与恒河流域,以及中国的长江、黄河流域。

工业社会,只有资本才能把劳动、土地、技术、管理等各种生产要素组织起来形成生产力,因此资本成为稀缺要素。城邦和国家之间实力的对比也摆脱了有形的地域和人口的限制,而开始以资本来衡量。

软价值经济时代,资本未必能够管理和控制研发创新、艺术创造等软价值创造活动,而那些拥有研发、创意、创作能力、技术和管理专长的经营者却可以轻而易举地从金融市场获得资本。因而资本与软价值创造要素之间的关系进一步转变,资本有时候会沦为技术拥有者和企业管理者的附属品,而创新环境、创意者以及知识产权、专利、数据、算法等信息元素和参与群体,以及有影响力的叙事者,开始成为创造财富的核心要素,并主导财富流向(见图8-1)。

在软价值经济时代,当所有的物质产品的价值都被研发创意、品牌叙事、社交、情感等软价值所主导,从而成为信息态产品的载体,那些具有优美自然环境和自由的创新环境,以及最适宜创意人才生活、工作的地区,都将成为新的财富聚集地。

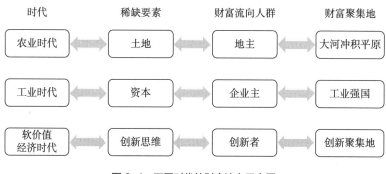

图 8-1 不同时代的财富流向示意图

## 二、从要素报酬到平台、创作者、参与者的财富分配

由于软价值经济的价值创造方法与经济循环模式都与物质经济不同,因而其财富分配方法也有所不同。

在物质经济生产过程中,分配主要在土地、劳动、资本、管理、技术等生产要素之间展开。是劳动报酬多一些,还是资本报酬多一些,还是土地和管理、技术的报酬多一些,对此,微观经济学给出了要素边际生产力的概念,来定义这些不同要素的边际报酬。

在数字经济、文化娱乐经济、知识经济等非物质经济的财富创造中,分配则主要围绕创新函数的要素展开,比如技术所有者、出资人、管理者的报酬仍然取决于其边际生产率，而土地的报酬被信息元素报酬取代，普通劳动报酬则让位于创意者的报酬。就数字经济而言，数据的要素报酬如何确定？在文化娱乐产业，文化元素和 IP 的要素报酬如何确定？这些都是软价值经济财富分配必须面对和解决的问题。

此外，在软价值经济中，从参与软价值经济循环的不同角色在不同环节的作用来看，经济收益主要在平台、产品生产者、内容创作者、参与者之间分配。到目前为止，在软价值经济中，收益分配次序仍然是平台处于优先和主导地位，那么到底应该如何衡量平台、产品、内容、参与者各自的贡献，尤其是在软价值经济的不同发展阶段、不同变现模式下，如何衡量和定义他们的贡献并合理分配呢？

## 第二节　平台的报酬和扩张边界

在软价值经济中，因为大部分经济的起点都是软价值经济平台，所以最能聚集财富的也是平台。虽然苹果公司目前市值 3 万亿美元，相当于英国或印度的 GDP 规模，但是这显然不是终点，未来平台的规模和聚集财富的能力还会不断扩张。

### 一、未来一定会出现市值超过 10 万亿美元的平台公司

也许 10 年之内，全球就会出现市值超过 10 万亿美元的平台公司，不管这个最早突破 10 万亿美元市值的是苹果公司，还是其他企业。因为只要软价值经济不断发展壮大，平台就会分享相关经济活动的成果；只要这些平台能够提供足

够的软硬件和算力支持，它们的价值就会跟随全球软价值经济总规模同步成长。

平台企业能成长到千亿、万亿美元市值的规模，与软价值经济的竞争格局有关。平台企业的"头部化"格局，是软价值经济演化的必然趋势。在传统经济中，行业垄断常常是因为巨大的投资规模、技术壁垒或管制政策而形成，而在软价值经济中，平台的垄断却是参与者选择的必然结果。

按照软价值函数，参与者的聚集效应会创造巨大的价值，"你来玩是因为我来玩，我来玩是因为他来玩"，一旦参与者开始向某头部平台聚集，这种聚集效应就会进一步强化，而其他小平台的参与者会越来越少，直到消失。

除了苹果、微软这样全球拥有几十亿收费用户的通用平台之外，社交软件平台 Meta 有 30 亿用户、WhatsApp 有 20 亿用户、微信有 12 亿用户，瓜分了全球使用社交软件的大部分参与者。社交媒体平台 Twitter、微博，搜索引擎领域的谷歌和百度，移动支付领域的 PayPal 和支付宝，网约车领域的 Uber 和滴滴出行，视频分享领域的 YouTube、抖音，生活服务领域的美团，等等，这些企业一旦形成头部平台，都有可能成长为千亿、万亿、十万亿美元市值的公司。

## 二、平台公司"赢家通吃"与全球扩张

在市场经济条件下，一定程度的垄断在所难免，因为越成功的企业，其盈利越多，越有能力从事研发、推广、并购等活动，从而获得的资源更多，市场份额更大。在软价值经济下，参与者聚集效应会使得在竞争中具备一定优势的企业一步领先、步步领先，最终形成"赢家通吃"的格局。

软价值平台企业的扩张，无论是供给侧的边界，还是需求侧的边界，都从空间上有了极大的突破。在供给侧，不再受土地、自然资源等供给限制，可以很容易地集中大量的信息元素、人才、资本；在需求侧，只要没有人为设置的法律或技术门槛，平台可以跨越国界，形成"全球统一大市场"。这与传统农业、制造业和服务业不同，不会因为土地、自然资源、劳动力等要素供给限制，而使企业生产规模、市场规模受限。

以美国加州为例，由于具备大量的人才、技术、资金及各种信息元素，已经出现了一批市值在万亿美元以上的企业，这些企业的聚集既没有造成硅谷的资源紧张，也没有形成交通拥挤，而且全部面向全球市场。

## 三、平台的边界：从交易成本到文化跨越成本

在传统的物质经济中，企业的边界是由交易成本决定的。诺贝尔经济学奖得主罗纳德·科斯（Ronald Coase）认为，从组织要素进行生产的角度看，企业和市场是两种可以相互替代的组织形式，这两种形式各有其成本。用企业的形式来组织生产，需要付出管理成本；用市场的形式组织生产，则需要付出交易成本。如果扩大一个单位的生产规模所需要付出的管理成本低于交易成本，那么企业的规模就会继续扩大，直到边际管理成本与边际交易成本相等时，企业的扩张就达到了最佳边界。

在软价值经济中，生产不再是经济的中心和起点，因此，以生产和产品为基础的交易成本理论，也不能解释软价值经济的边界。决定平台边界的不是交易成本，而是语言文化、法律制度的跨越成本。由于几乎所有的软价值经济活动都是在平台上展开，而且平台越大，为每个新增用户投入的平均成本越低，因此平台在供给侧几乎没有扩张边界，而在需求侧则主要取决于各国的法律、语言等所形成的边界。

例如，使用 Meta 公司相关产品的国家有 156 个，活跃用户数超过 30 亿，占这些国家人口的 90% 以上；而使用微信的用户主要在中国，2021 年活跃用户数量已经达到 12.8 亿，

超过中国总人口的 90%。

从理论上说，无论是 Meta、微信，还是其他，只要是有网络信号的地方，社交软件都可以覆盖，无须派遣员工、设置分支机构，只需要在产品语言中增加当地语言的选项就可以实现。但实际上，语言文化、法律制度等边界还是有跨越成本的，平台的扩张边界，也就是语言文化、法律制度和价值观的跨越边界。在英语、中文这样大的语言文化区，由于人口数量较多，可以形成较大的参与群体，因此有可能出现较大的平台企业；而在小的语言文化区，一般很难形成大的平台企业，除非主要面向大文化区开放，如诞生在瑞典的全球性音乐平台 Spotify，目前也拥有了超过 4 亿的活跃用户。

## 四、平台的社会公众价值

当然，软价值经济平台一旦形成"头部化"格局，不但会对流量、数据等造成垄断，而且还会形成一定的社会公众价值，起到类似公共基础设施的作用。平台的商业价值很大程度上与其提供的公众价值有关，通常公众价值越大，商业价值也越大。

然而，如果平台从一定程度上成为公共基础设施，那么它必然具有社会管理的功能。比如在美国总统大选期间，

Twitter对某些账号或某些话题的管控对于大选的舆论倾向是有明显影响的。Twitter曾经关闭了美国前总统特朗普的账户，马斯克通过并购成为Twitter股东之后才重新开启，可见头部社交媒体平台对舆论和政治的影响力。又比如，谷歌在全球搜索引擎市场占据了超过90%的份额，假设它对流量和搜索结果进行干预，自然会产生较大的公共影响。再比如，Meta在全球拥有30亿用户，如果真的可以发行虚拟货币，并在Meta的内部应用场景进行交易，那么该货币无疑会成为全球用户最多的货币，甚至会超过美元，影响全球金融格局，因而美国国会多次召开听证会，最终否决了Meta发行虚拟货币Libra的议案。在中国，部分头部平台企业掌握了十几亿人用户的出行数据，对这些信息数据的使用和监管，也是非常重要的社会问题。

总之，平台企业头部化是软价值经济发展的必然规律，除了语言、文化、法律之外，平台企业的扩张甚至可以跨越国界；除了在与产品、内容创作者的财富分配中处于优势地位之外，平台企业甚至还天然具备社会公众价值以及在相关领域的社会管理职能。因而各国政府都会通过法律、政策对平台企业加强管理，对其掌握的本国居民的相关数据进行监管。

## 第三节　创作者和参与者的财富分配

### 一、产品和内容创造者的财富分配

相对于平台而言，产品和内容创作者在软价值经济中处于相对弱势地位。产品能否获得收益，获得多少收益，不仅取决于其自身能否创造流量，更取决于能否在平台的流量分配规则下获得流量。不仅如此，厂商或内容创作者获得流量的费用由平台决定，使用流量获得的收益也要与平台分成，分成比例也由平台决定。

无论是在亚马逊、淘宝、京东，还是美团、携程等平台上，商家都需要花费资金购买流量才能让自己的商品和服务获得更多客户关注。而且，一旦消费成功，还要给平台支付一定比例的分成。

事实上，如果没有商家、内容创作者，平台不可能单独创造流量。然而，一旦平台搭建了完整的生态，每一个商家、内容创作者所创造的流量，都自然是平台流量的一部分。作为真正吸引流量的商家和内容创作者，除了可以影响其本身的私域流量之外，为什么还需要向平台购买流量呢？一来是因为商家和内容创作者离不开平台的生态，二来是因为分散的商家和创作者面对强大的平台，在收入分配中没有话语权。

商家、内容创作者在平台上分配财富份额和竞争话语权，是围绕流量展开的，那些能够创造流量、自带流量的商家和内容创作者，往往成为平台争夺的对象，自然可以获得相关收益。例如，美国畅销小说《暮光之城》的作者斯蒂芬妮·梅耶（Stephenie Meyer），出版了《暮色》《新月》《月食》《破晓》等一系列被称为"暮光之城"的小说，仅仅一年的版税就达4 000万美元。这样的作者或作品，无论是在线下还是线上，在任何平台都必然能够获得相应的内容收入分成；反之，不能够创造流量或创造流量较少的商家和内容创作者，通常只能获得较小的财富分配比例，甚至分配份额为零。

在数字经济平台上，商家或内容创作者如果要获得较多的流量，通常要向平台购买流量较高的位置，并支付较高比例的销售分成。商家和内容创作者是否需要向平台购买流量、是否能获得流量报酬，以及流量报酬的分成比例，既取决于平台之间的竞争，也取决于线下销售的收入情况。如果在软价值平台上的商品销售收入或内容创作者收入显著小于线下，那么商家和内容创作者就会选择线下。

在 Twitter、微博等社交媒体上，大部分内容创作者都贡献了内容，也贡献了流量，但是基本上没有获得任何内容创作收益或流量收益。相比而言，一些专业的内容创作平台或规模较小的数字经济平台，则更重视内容创作者的收益。比如，在线音乐平台的"独立音乐人"计划吸引了大量原创者，还有腾讯音乐人推出的"原力计划"、网易云音乐的"石头计划"等。爱奇艺先后推出"分甘同味计划"，与优秀内容提供商进行广告分成，之后又将传统贴片广告分成扩大至信息流广告与会员分账等模式，还通过各种活动提高分成比例，扶持优秀原创内容团队。B 站会按照比例给投稿人分成，通过"创作激励计划"对持续投稿人提供创作激励金支持。

## 二、参与和叙事体验的报酬

在软价值经济时代，一个重要的稀缺资源就是人们的时间、注意力、情感表达。

以抖音为例，用户（参与者）观看短视频是无须付费的，只需要简单注册即可使用,而用户耗费在观看短视频上的时间和注意力,就是参与群体的流量,是所有平台、商家和内容创作者争夺的对象,是软价值经济的主要衡量标准。如果用户对短视频作品进行点赞、转发,则进一步放大了流量;如果用户发表了评论,那么代表着他开始参与叙事,创造叙事体验价值。

随着软价值经济的发展,信息态产品越来越多,参与者的时间、注意力、情感表达更加稀缺。随着参与者(流量)已经逐渐成为软价值经济的价值信号,自然也会越来越多地参与价值的分配。越来越多的数字经济平台开始给参与者直接提供物质奖励,来换取参与者的时间、注意力、情感表达。例如,当我们使用某些 App 消费时,经常会有签到积分的活动,即登录软件后点击签到,就可以获得积分的增长,积分可以换取日用品、软件的会员资格等奖励;还有一些平台为点赞、转发、评论等行为也开通了积分奖励机制,甚至还有看视频返现金、读小说返现金等奖励。

支付宝开发的蚂蚁森林,将用户在通过支付宝消费的很多行为记录赋值为能量,例如,线下支付一次获得 5 克能量,乘坐一次地铁或公交车获得 52 克能量,交一次水费、电费或燃气费获得 260 克能量,等等。积累起来的能量可以兑换成在沙漠或者山区进行植树、动物保护等环保行动的捐赠,这个由能量到现金的转换由蚂蚁森林管理的公益基金支付。

在网络游戏界已经出现了"PLAY TO EARN"(边玩边赚)的模式,即平台为玩家提供获得游戏内部资产的机会,这些资产可以作为有价值的资源转移到现实世界中,从而玩家可以在玩游戏的同时获得收入。例如在罗布乐思游戏中,玩家用美元购买游戏代币 Robux,再用 Robux 向平台上的游戏开发者购买游戏内的装备、皮肤等道具,游戏开发者也可以用获取的 Robux 支付员工的劳务费用,或者向其他的开发者购买游戏素材。当 Robux 积累到一定数量之后,游戏开发者可以通过"开发者交换计划"(DevEx)将 Robux 兑换成美元。

显然,在软价值经济中,参与者、叙事体验者既然参与了软价值创造,自然也应该获得相应的财富分配。与平台、商家、内容创作者相比而言,虽然参与者在软价值经济中的分配地位相对处于弱势,通常只在平台或商家、内容创作者需要增加流量时才能获得一定的报酬,但是毕竟已经出现并逐步形成了参与者、叙事体验者获得收入的机制雏形。

未来软价值经济分配的趋势之一,就是大多数的参与行为,如观看、阅读、收听、玩游戏、分享(转发)、评论和再创作等活动都将获得类似积分、免费会员、数字货币、现金等各种形式的报酬,参与者所付出的时间、情感、点评等越多,获取的分配就越多。

# 第九章
# 软价值经济学的企业实践应用

当很多人还在用罗盘探索方向的时候，有人已经借助卫星导航奔向了更广阔的天空！

没有哪个企业家不知道研发创意对企业的重要性，但并不是所有企业家都掌握了创新函数和创新原理。事实上，不论平台的创新，还是产品和内容的创新，甚至传统企业的研发创新，都可以从创新函数推导出具体的战略方法，各行各业还可以从软价值函数、软价值经济循环原理找到流量创造、场景创新、叙事体验价值的原理和有效方法。

希望软价值经济学能够成为新时期企业家和管理者的卫星导航工具，助力中国经济和中国企业奔向更广阔的未来！

## 第一节　企业转型创新从观念转变开始

在 2015 年的一次国务院常务会专家咨询会上,笔者曾引用奔驰汽车的前总设计师说的"我们卖的不是汽车,而是一件艺术品,只是碰巧它会跑",以及特斯拉销售的也不是"跑得快"而是环保、时尚和智能化这两个案例来说明企业转型创新的观念转型。会后领导人点评说:"以前我们创造财富主要靠自然资源,今后主要靠人的资源;以前创造财富主要靠劳动,今后主要靠智慧。"这句话更通俗地概括了软价值时代的企业转型创新特点。

### 一、从硬件制造到软价值创造模式

企业的发展必须紧跟需求升级,并追随经济结构而变化。

改革开放以来,中国企业从简单的来料加工,到有一定技术含量的制造加工,又到成为全球制造业中心,再到自主创新的软价值创造者,所有存活下来的企业都不曾停止转型创新的步伐。

不过,为了对软价值经济时代的转型创新有所启发,我们还是以美国活得最长的企业之一——IBM为例,看看它转型升级的脉络。

1911年创立之初,IBM主要专注于生产打孔卡片机,用于数据处理。然而,公司很快就意识到了计算机科学的潜力,积极投身到电子计算机的研发和制造中。这个决策促使IBM在20世纪中期成了计算机领域的巨头。

20世纪末,IBM经历了一段艰难的时期。由于市场变化和竞争压力,公司陷入了困境,几乎丧失了市场份额。这一时期IBM开始转型。公司决定放弃硬件主导的模式,将重心转向软件和服务领域。这个决策带来了一系列战略收购,把硬盘部门以20.5亿美元的价值出售给日本的日立公司,把个人电脑部门以12.5亿美元出售给中国的联想公司等。

IBM还积极参与了人工智能和量子计算的研究和发展。IBM于2017年推出了量子体验平台,该平台允许全球各地的量子计算研究者通过云计算平台远程访问IBM的量子计算机，以进行实验和测试。作为市场上唯一提供免费试用且硬件质量卓越的量子计算平台，IBM 的云平台迅速成为全球各大院校在该领域实验和教学的首选之一。更值得一提的是，由于其庞大的用户基础，IBM 云平台所采用的编程框架 Qiskit 已经成为当前量子计算领域中受众最广和最清晰的框架之一，有望在未来扮演极其重要的角色。

显然，IBM 长盛不衰的秘密并不是其表面上的业务结构变化，而是其背后的价值构成升级——硬价值占比逐步下降，软价值创造能力越来越强。

事实上，很多能够坚守百年基业没有被时代淘汰的企业（比如迪士尼、可口可乐等），同样是因为它们不断提升软价值，通过产品创新、内容创新，或者拓展参与群体、增加叙事体验价值，所以才能在时代浪潮中仍然焕发生机。

## 二、中国企业的转型创新

35 年前，张瑞敏刚到海尔电器厂的时候，那里生产的电动机、吹风机、小台扇、洗衣机等产品外观粗糙、质量低劣，没有参与者购买，工厂资不抵债。为改变现状，张瑞敏制定了 13 条规章制度，其中有一条是"不准在车间大小便"，可想而知当时的团队素质和管理水平。

就是在这种情况下,张瑞敏进行了艰难的改革,2005年后陆续提出了"人单合一"和"创客"①模式,海尔公司从一个家电公司转变为一个创业平台。员工在与客户深度接触的过程中不断发现创业机会,几个人就可以成立一个创业团队,项目通过评审后,由海尔提供供应链、生产管理、质量控制、售后服务,开放软硬件和平台接口、技术开发包,一直到风投机构的介绍和引入等一系列的支持和服务,最终这些产品都取得了研发上的成功。经过几十年的实践,海尔已形成一个开放性的、创新性的研发平台。如今海尔已拥有4家上市公司,孵化独角兽企业5家,在全球设立10个大型研发中心、25个工业园、122个制造中心。

华为在转型创新方面走得更为激进。20世纪90年代的华为只不过是一个民营的通信设备制造企业。2001年前后,任正非力排众议,先后花费十几亿美元引入IBM的咨询团队,对华为进行了集成产品开发(Integrated Product Development,简称IPD)变革。IPD的核心出发点首先是市

---

① 创客模式是海尔集团张瑞敏先生所创立的一套有利于激发创新的管理办法。该模式把每个员工都当成"创客",由"创客"首先提出创意,通过评审后进行项目式管理和推进,由海尔提供供应链、生产管理、质量控制、售后服务,开放软硬件和平台接口、技术开发包,一直到风投机构的介绍和引入等一系列的支持和服务。依靠这套模式,海尔成功孵化了雷神科技、海尔生物、咕咚手持洗衣机、小智音箱等上百个项目。

场化研发，给有创意、创想的人提供充分表现的舞台和资源，谁想干什么都可以提出来，只要能用市场前景说服立项审查委员会，就能获得"风险投资"，由企业来提供各种创业的资源和中后台的支持；其次是项目化研发，就是将产品研发从一开始就作为潜在的利润增长点来进行管理，它将不再作为成本中心，而是要为将来的赢利做好规划，在项目成熟的时候可以直接转化注册成独立的法人单位；最后是集成化研发，研发不再是一个单打独斗的部门，而是将研发、生产、财务、供应链、客服等部门整合进研发团队和研发的过程，把将来生产、销售、客户体验等所有阶段可能出现的问题，都尽量在研发阶段提出来并解决。

经过IPD战略改造的华为，不仅研发活动走上了市场化、项目化、集成化的道路，整个公司也转型为以研发创新为核心竞争力的软价值企业，新产品创新层出不穷，在各个领域全面开花。如今，全球已经不再把华为当作通信设备制造企业，而是当作一个可以代表中国创造的高科技研发企业。

## 三、以软价值创造原理推动创新观念转型

在物质产品供给过剩、人们追求美好生活需要的软价值经济时代，不仅互联网、人工智能、元宇宙等数字经济产业

的创新要从软价值战略开始，在知识教育、文化娱乐、信息传媒、高端服务等非物质经济领域，甚至是农业和制造业的转型创新也必须从软价值战略开始。

可是，还有很多人抱着陈旧的观念不放，认为一切研发、创意、流量、体验都是以农业和制造业的物质产品为中心，甚至把这些都叫作农业或工业的"生产性服务业"。事实上，只做研发设计的苹果公司，绝对不是从属于富士康的生产服务业，相反，富士康是苹果公司的代工企业，为苹果公司服务。类似地，英国著名服装企业Burberry目前仅将设计部门保留在英国本土，而把加工流程全部移至其他国家，远在英国的Burberry不是为这些加工厂服务的，恰恰相反，这些加工厂都是为Burberry服务的。

在越来越多的领域，我们不能再把研发、设计和品牌部门当成制造业的附属部门，恰恰相反，制造环节才是那些研发、设计、品牌部门的附属部门。研发用各种科学原理和无数次试验决定了制造业产品用什么材料、什么样的生产工艺，创造何种物理功能；设计用最适合人体工程学和符合心理学的产品形态，为参与者带来舒适、轻松、愉快的使用体验；品牌等叙事体验价值让产品具备了时尚、尊贵、与众不同等人性化特质，为参与者彰显个性、满足社交需求提供支持……这些研发、设计、品牌部门在完成软价值创造后，再委托生产部门完成加工制造,并给这些附属的加工制造部门留下一定的加工制造利润。

即便深刻了解并高度重视研发、设计和品牌的价值,很多传统企业仍然不愿意在研发、设计、品牌方面投入更多。因为传统的农业、制造业、服务业的大部分企业家习惯了面对一分投入对应一分产出的线性生产函数,而不习惯面对大量投入可能都是无效投入的研发创意过程。无数研发、设计和品牌打造失败的案例让传统企业家望而却步。

然而,如果全面了解软价值函数所揭示的价值创造原理,从一开始就掌握由研发创意、参与者(流量)创造、认知体验(品牌)价值的打造等投入所形成的创新函数、参与者群体方程、认知体验价值等规律,愉快地接受一定的无效投入概率,并找到提高有效投入概率的方法,那么恐怕就不一样了。

软价值函数虽然是个概率方程,尤其是创意者灵感概率是个小概率,还有参与者共振频率等,都决定了软价值创造的不确定性,但是还是有很多确定性的投入可以把握。比如:从创新环境入手,所有提升创新环境的投入,都会提高软价值创造的概率;从信息元素入手,信息元素积累得越多,自然软价值创造成功的概率就越大;从参与者发射功率、共振频率入手,发射功率越大,找准共振频率,流量创造成功的概率也越大；还可以从叙事体验入手，结合文化潮流，打造高端叙事，形成更好的品牌或体验价值。

总之，未来各行各业，都应该围绕研发创意（创新环境、信息元素、创意者灵感概率）、参与者（流量）、叙事体验（品牌）等软价值创造方法，从平台、产品（内容）、场景、流量、体验、变现等各个软价值循环的环节，全面提升软价值创造能力，推动企业创新转型。

## 第二节　如何全方位提高企业创新效率

全面提高创新效率，要掌握创新函数的原理，并转化为企业的创新方法论和管理机制。根据创新函数，$I = A \cdot \varepsilon \cdot f(L_{effective}, K, i, E)$，以及 $L_{effective} = \int L \cdot P\% \, dt$，创新环境系数和技术系数一样，是个外生变量，不同的技术背景和创新环境可以影响函数本身，因此企业可以选择更好的技术和环境。除了永远重要的资本、企业家精神投入，还要积累自身所需要的信息元素和人才。

### 一、选择更好的技术和创新环境

位于美国加州的硅谷，在地理学家的眼中，只是一个平凡谷地，横向不足 10 千米，纵深也不过 50 千米，并没有蕴藏大量的矿产资源，亦缺乏廉价劳动力，但是这里却诞生了苹果、微软、谷歌、特斯拉、Meta等全球顶级创新企业，到底是什么造就了硅谷？

虽然从物质经济的比较优势角度来看，这里并不具备比较优势，但如果从科研经济和软价值角度看，情况就大不一样了，因为它具备一系列创新企业成长所需要的独特环境。

硅谷人的创新意识非常强，而这种文化内核影响了所有来到硅谷的人。同样是汽车制造企业，特斯拉在硅谷的团队与其在底特律制造商们所处的创新环境完全不同。在谷歌实验室，工程师们将各种奇思妙想的测试创意展示到网上，供用户与专家使用、评价、提意见，根据评测的结果决定是否继续下去，由此产生了很多有价值的研发创意。

在硅谷，自从著名的"八个叛徒"从仙童半导体公司出走并开创了英特尔公司以来，有想法的员工离开原来的公司，跳槽、创业早就成为这片土地的通行规则，甚至出现了加州政府因为苹果、谷歌、英特尔和Adobe四家公司互相不挖角而起诉他们的"奇闻"。原因就是地方政府要推动和促进各公司之间的人才流动，防止人力资源僵化、板结，阻碍创新。

在硅谷的互联网企业，有的员工可以带着宠物上班，有的员工可以在工作时间滑滑板、打游戏，享受免费的健身房和按摩服务。很多信息企业没有领导专享的办公室，创始人、程序员、工程师都在开放的办公环境中，大家自由讨论、无等级概念，这些都是为了让研发创意人员保持放松状态，源源不断地迸发灵感与创意。

很多艺术家都有特定的创作精神状态，因而必须营造具有充分艺术感的氛围，才能激发艺术家的灵感；研发机构也应该像硅谷的企业一样，为了激发有效研创，把办公室设计成让研发创意人员感觉最舒适的样子。

从人才环境方面看，硅谷软环境最重要的基础，就是包括斯坦福大学、加州大学伯克利分校、圣克拉拉大学和圣何塞大学在内的8所大学、9所专科学院、33所技工学校和100多所私立专业学校。其中斯坦福大学所发挥的作用是不可替代的。斯坦福不只是硅谷发展的土地提供者，更重要的是，它为硅谷源源不断地输送着科学家、技术人员、企业家和创意天才。据说，在硅谷，有5 000多个公司的起源可以追溯到斯坦福的创意、教职工或者学生。曾任斯坦福大学校长的约翰·亨尼西（John Hennessy）说过，创业精神是斯坦福大学最根本的精神气质。如果大学的知识只是停留在大学的围墙之内，而不能取得更广泛的社会影响力，就会阻碍研究者创新的动力。

就像NBA的"造星"氛围会让体育明星扎堆出现一样，很多经典娱乐产品的创作也是扎堆出现，比如20世纪90年代的香港流行歌曲和影视剧都集中在几个音乐和影视剧公司。又比如前几年德云社、开心麻花也都集中推出了一批优秀作品。这种扎堆出现的现象，肯定是因为某时、某地具备了某种让创意人才聚集、互相激发想象力的创新环境或创作氛围。

从法律环境方面看，加州戴维斯大学法学教授、加州国际法研究中心主管阿努潘·钱德尔（Anupam Chander）认为，硅谷在互联网时代的成功，归因于美国《版权法》和《侵权法》的实质性改革，这项改革极大地降低了硅谷孵化新的全球贸易商所面临的风险。相比之下，在欧洲和日本，过于严格的知识产权保护和《隐私侵权法》，反倒阻碍了互联网初创公司的发展。例如，谷歌和雅虎正是出于对日本《版权法》可能会宣布搜索引擎违法的担忧，才将服务器安置在日本境外。出于对法律环境的考量，日本计算机科学教授会建议他们的学生，在日本境外发布所开发的电脑软件。

从政策环境方面看，在硅谷的发展中，政府这只"看得见的手"没有"越位"发挥作用，而是让各种生产要素、创新要素自由流动、自由组合，致使各种新技术、新产品、新业态迅速迭代，过时的技术、产品和产业自然退出，从而保证硅谷始终充满活力。当然，在不同的发展阶段，美国政府也会给予不同的方式支持，比如，早期的军方订单支持，在20世纪80年代面对日本、韩国竞争时，对本国半导体的产业政策支持等，使硅谷随着技术进步实现了"由硬到软"的转变，始终立于世界前沿产业创新的潮头。

在税收方面，在美国，初创公司除了给员工缴纳医疗保险外，一般就只缴纳所得税，没有营业税、增值税、城建税、教育税等赋税条目。也就是说，创业公司不赚钱就不缴税。这样可以相对有效地缓解创业者的资金压力。

从融资环境方面看，全世界风险投资的圣地——门罗公园就位于硅谷附近，这里集中了全美国一半以上的风险投资。风险投资推动了硅谷创新企业的发展，而创新企业的高速成长也为风险投资带来了更多的资金和投资者，这种良性互动是世界上任何其他创业园区都不能比拟的。

总之，在以数字经济为代表的软价值时代，很多城市都想打造"中国的硅谷"。创新企业也可以选择"中国的硅谷"，并且在企业内部打造类似硅谷的创新环境，让研发、设计、创意人员拥有更好的灵感和更兴奋的、能够激发创造性思维的状态，才能提高研发创意的成功概率。

## 二、积累创新创意的"信息元素"

为了提高研发创意的投入/产出效率，必须根据所处的行业特点积累足够丰富的信息元素。

对研发创意企业而言,拥有并能够利用已有的科学成果、技术专利,是提高研发创意有效性的起点。据说,华为在5G信道编码领域的极化码技术上的突破,首先是创造性地使用了土耳其数学家埃尔达尔·阿里坎(Erdal Arikan)在2008年发表的一篇论文。无论是三星、苹果、华为、索尼等电子通信企业,还是强生、宝洁、可口可乐、耐克等消费品公司,都拥有丰富的专利储备。专利数量也是衡量一家企业创新能力的重要指标之一。

为了积累创新创意的元素,很多企业与科研机构、高等院校合作,这在半导体、新材料、新药研发、食品等行业比较流行,很多知名企业与高等院校、科研机构联合设立研发中心,一旦有可以商业化的技术成果,立即开始投资、转化。

对于文化娱乐产业和很多文化产品而言,各国、各民族流传的史诗、故事、歌谣、舞蹈、IP,经过数千年的洗涤积累,形成了人类丰富的文化信息元素宝藏。比如全球流行的《复仇者联盟》等好莱坞科幻电影,不少素材源自欧洲的神话传说和现代物理学等科学知识。不少知名的化妆、服饰公司的品牌价值也源于文化信息元素,如范思哲、爱马仕等品牌中蕴含了希腊神话的深厚底蕴,中国服装品牌李宁对中国传统文化信息元素的应用也可圈可点。

在信息产业,数据、算法的积累,不仅成为创新的基本要素，甚至成为竞争优势。著名的短视频公司字节跳动就是依靠算法优势，重新改写了移动互联网时代的流量格局，一举崛起，并成为拥有十几亿用户的数字经济巨头。

## 三、聚集研发创意人员，提高灵感概率

对于创新所需要的高层次人才，应当制定更加宽松友好的人才政策，聚全球英才而用之。

研发创意的灵魂人物至关重要。每一款经典制造业产品的研发、设计，背后都有一个或几个灵魂人物。灵魂人物作为产品的创始人和设计者，把各种创意、设计技术和个人的追求、情感都赋予产品之中，并通过产品与客户体验形成互动。最著名的例子当然是乔布斯：从最初的 Apple II 计算机、麦金塔个人电脑，到后来的 iPod、苹果手机、iPad，苹果公司臻于极致的创新开发过程，倾注着乔布斯的所有情感甚至生命。

设计师和工程师同样重要，研发还需要艺术家和心理学家。以往我们认为研发和设计分别是工程师、设计师的任务，但在新时代，产品不仅要满足物理功能需求，更要满足客户感受、感情反馈、社交等精神需求。单纯的工程师、设计师等"理工科团队"难以胜任，因此需要为研发和设计配备诸

如艺术、美学、心理学等方面的人才。必要时还应当增加参与者代表等，提高研发和设计团队精准把握软需求的能力。

为了提高创意者灵感概率，要彻底改变研发管理机制。比如：IBM、华为用IPD战略，海尔用创客模式，都极大地提高了产品研发效率；在文化娱乐领域，迪士尼、皮克斯动画等公司也总结出了"十二黄金创作法则""七大创意原则"等规律，从而极大地提高了研发创意的效率。

无论是IPD战略、创客模式，还是"十二黄金创作法则""七大创意原则"等，都有一个共同的特点，就是把研发创意部门当作价值创造部门和利润中心，而不是成本中心。

最有效率的研发创意管理机制是市场化的研发机制，也就是给有创意、创想的人员充分表现的舞台和资源，谁想干什么都可以提出来，只要能用市场前景说服老板或者立项审查委员会，就能获得"风险投资"，由企业来提供各种创业的资源和中后台的支持。

想要提高创意者灵感概率，就不能让研发创意人员单打独斗。一个研发项目一旦立项，研发项目小组中必须要有生产、销售、运营、财务、客服等人员的代表，把将来生产、销售、客户体验等所有阶段可能出现的问题，都尽量在研发阶段提出来并解决。

需求管理机制也是研发机制的重要内容。要鼓励销售人员、服务人员、市场营销人员以及公司其他部门员工通过不同渠道得到市场机会,及时向需求管理部门提交,并进行系统性的市场分析。例如,很多服装品牌公司会安排大量散布于全球各地的时尚买手对流行趋势进行快速捕捉,或依赖于强大的系统将每日的销售数据及客户反馈及时传递给总公司,总公司专门的团队会对终端门店需求进行快速响应,随时推出新品。

最科学的研发投入方式是分段投入、平行开发。如果将研发创新比作在电脑上玩扫雷游戏,那么你点开的方块越多,掌握的信息就越多,避开地雷的能力也就越强;而在游戏初期或者有大片尚未点开的区域,点到地雷的风险就非常高。研发投入也一样,对于确定性很高的研发机会,应大量投入资源,尽快取得突破,建立专利壁垒,对竞争对手形成优势;而对于不确定性较高的中长期研发创新项目,则应当采取孵化的思路,适当投入资源,或者仅仅是保持关注,在机会更大或确定性更高时,再增加资源投入。由于创意者灵感概率是个小概率,不能在一个人或者一个团队上孤注一掷,而应该有不同的团队、不同的方法路径,平行开发。微信、《王者荣耀》等产品,都是腾讯内部"赛马机制"的产物。

## 第三节　企业扩大流量的方法论

根据软价值创造的参与群体（$N$）方程，$N=f(P,\omega) \cdot X^t$，参与群体的创造主要取决于发射功率 $P$、共振频率 $\omega$ 和参与热度系数 $X$，以及持续时间 $t$。并且当参与热度系数 $X>1$ 时，参与群体随着时间而扩大；当参与热度系数 $X<1$ 时，参与群体时间而收缩。在互联网时代，人们把参与群体的使用频率叫作流量，那么企业应该怎样创造流量，以提升软价值呢？

### 一、提高发射频率的流量创造和导入原理

根据参与群体方程，如何才能提高发射频率，创造或导入流量呢？好的内容、产品、体验、场景都具备高发射频率，

都可以创造流量。

什么是发射频率高、能够创造流量的好内容呢？美国心理学协会期刊的一项研究发现，能把人"洗脑"的歌曲，通常节奏更快，旋律相对普通，容易记住。同时，有一些特定的音程（比如跳跃或重复）也更容易让人记住。像蜜雪冰城推出的广告歌几乎具备以上全部特点，"你爱我，我爱你，蜜雪冰城甜蜜蜜"这三句歌词朗朗上口，不知不觉就唱遍了大江南北、线上线下。以"江小白"将产品推向市场之前的内容创作为例："我是江小白，生活很简单"以及"亲爱的@小娜：成都的冬天到了，你在北京会冷吗？今天喝酒了，我很想你，一起喝酒的兄弟告诉我，喝酒后第一个想到的人是自己的最爱，这叫酒后吐真言吗？已经吐了，收不回来了"等，依靠类似具备高发射频率的文案内容，"江小白"深深触动了"80后""90后"的情绪痛点，积累了巨大的流量之后，成功推出"江小白"这款"情绪化酒精饮料"。

很多硬件产品也具有较高的发射频率，可以创造和导入流量。比如半导体及计算机巨头公司英特尔，在20世纪90年代初，通过设计统一的"intel inside"标签，与各家电脑公司（如IBM、Dell等）合作，只要电脑厂商在售卖电脑或者制作广告之际，加入"intel inside"标签，便可获得英特尔提供的广告补贴。通过此种方式，英特尔成功地在参与者心中树立了更高端的形象，还反向导入了电脑商的流量，进而促使英特尔的业绩出现爆发式增长。

每个数字经济平台都是最大发射功率的流量入口。互联网时代，流量入口主要是新浪、网易、搜狐等各大门户网站，以及谷歌、百度等搜索引擎平台；移动互联时代，流量逐渐向微信、新浪微博、腾讯视频、爱奇艺等社交与娱乐类App产品转移，且随着用户数量饱和及用户时间碎片化、个性化，以数据和算法为基础，针对用户时间碎片化的特点推出短视频，精准推送的内容平台成为新的流量入口。

每一个影视明星、知名意见领袖（KOL）都是具备较高发射频率的流量入口，热点事件也是重要的流量入口。2022年，北京成功举办冬奥会，伊利成为"双奥品牌"，与北京两次奥运会都实现成功合作。在北京冬奥会营销中心，伊利品牌的团队展现了极高的流量敏锐度，苏翊鸣夺得单板滑雪男子大跳台冠军具有一定的突发性，伊利迅速响应，3天时间就签下了苏翊鸣的代言合作。冬奥会还在筹备阶段时，伊利就发现了吉祥物"冰墩墩"的爆红潜力，布局联名产品合作，赛事期间，伊利的"非常熊猫"成为市面上仅有的冰墩墩IP联名产品。

## 二、寻求共振频率，扩大参与群体

改变共振频率、提高共振概率，是创造参与群体的第二个重要变量。根据行为心理学的相关原理，曝光效应、权威效应、从众效应、诱饵效应、稀缺效应等都可以改变共振频率，提高共振概率，扩大参与群体。

曝光效应，主要表现为能够吸引注意力、引发行为反射的具有强烈视觉、听觉冲击力的符号、颜色、声音、口号等。典型案例如红牛，两头红牛的商标设计和"困了累了喝红牛"的广告语形成红牛这款产品超高冲击力的曝光效应，迅速扩大参与群体，创造了巨大的软价值。

权威效应，通常是指某些个人或机构社会地位较高，在某个领域或者行业有一定话语权和威信，受多数群体认同及尊重，那么该个人、机构的言行更容易引起大众重视，并且认同度较高。例如很多软价值创造是采取了诸如邀请知名专家参与，拥有××资质证书、业内××机构检测报告等方式，提高了共振概率，扩大了参与群体。

从众效应，是指多数个体的行为会朝着群体的一致方向变化。很多软价值产品通过宣传一年销售多少亿、全国有多少门店、用户遍布××国家、××人的共同选择、××人口碑见证等，也能够提高共振概率，扩大参与群体和流量。

诱饵效应，是指通过折扣、满减等手段，使用户产生心理共振。典型方法包括价格直降、赠品、积分兑换、团购/抢购、会员专享价格、抽奖等，都可以扩大参与群体。

稀缺效应，是指稀缺通常会改变用户的共振频率，提高共振概率。如采用在××点之前下单、在××点抢购、仅限×名额、只剩×名额等表述方式，常常会迅速扩大参与群体。

## 三、企业购买流量的投入/产出原理

在软价值经济中，流量是可以交易的，无论是物质产品的销售，还是信息态产品的参与群体创造，都可以通过向平台或其他渠道购买流量的方式来扩大软价值。

以物质产品的销售为例，有人说，所有的销售都是流量转换。因为人们选择在大街上开店，就是要转换大街上的流量；选择在机场或购物中心开店，就是要转换机场或购物中心的流量；选择在商超陈列商品，就是要转换商超的流量；选择在电视台做广告，就是要转换电视台的观众流量；选择在互联网做广告、做电商或做直播，就是要转换互联网的流量。

上述所有的销售都是依靠流量转换，见以下公式：

$$销售额 = 流量 \times 流量转换率$$

那么,企业除了可以利用内容、产品创造流量,向电视台、互联网平台、KOL 购买流量的重要性不言而喻。

转换流量的投入初期往往刺激销售额的快速增长,并随着投入的不断增大,销售额增速越发明显,直到某一临界点,再继续购买流量,销售额依然增长,但增速有所下滑。

因此,在软价值经济时代,很多企业的产品销售都面临着严峻的挑战。除了提高研发创新,在参与群体的软价值创造方面,每个企业都可以对照图 9-1 自我检查一下:企业能覆盖的渠道流量都覆盖了吗?能购买的流量都购买了吗?单位流量的收益大于单位成本吗?在临界点 $A$ 和临界点 $B$ 出现的时候,企业有没有寻找新的流量创造、流量导入或者提高流量转换率的方法?

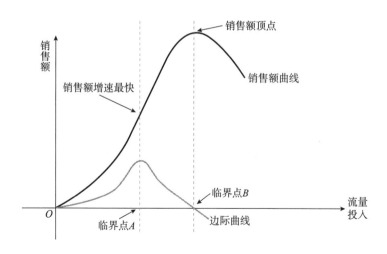

图 9-1 企业购买流量的投入/产出原理

## 第四节　全面提升叙事体验价值

根据"软价值函数":$Vs=I·N^m$,叙事体验对软价值的影响是指数级别的。一旦某种叙事体验价值获得参与者认可,往往能够给业绩带来爆发式的增长;反之,也会带来毁灭性的影响。根据对企业收入的影响路径不同,可以把叙事体验简单划分为两类:A类叙事体验可以直接提高软价值产品的单价,进而提升软价值;B类叙事体验虽然不能提高产品单价,但是可以提高消费频率。

### 一、A类叙事体验价值

A类叙事体验的方向,是创造高级感、身份感、文化势能和个性化的叙事体验。

高级感，即区别于一般产品或者服务，给人带来极致、非凡、有内涵的心理满足，往往具有高价格、高品质、稀有等属性。高级感，既来自产品的物理功能，也来自产品叙事。比如除了昂贵的原材料、零部件、高科技、高端设计、细致的手工之外，还必须把产品和服务"嵌入"高端人群的生活。想一想爱马仕是怎么做的？爱马仕产品除了手工制造、每款有工匠编号，还采用"奢侈品配货制度"——必须购买周边产品达到一定金额才能进入等待名单，这样的叙事毫无疑问从高级感的角度创造了软价值，给用户带来额外的心理满足。

身份感的叙事体验，即让产品的叙事与某种社会阶级属性、特定人群代表联系起来。为了创造身份感的叙事体验价值，企业应确定形象代言人并长期合作，营造特殊的使用环境，例如茅台成为国宴酒，某些中医药保健品的礼品属性等。

文化势能的叙事体验，即利用人们对先进文化的崇拜和认可，将先进文化的概念、符号、生活方式融入产品。中国在打开国门之后相当长的时期内，国外商品、品牌和文化在国内市场上有着明显的甚至是压倒性的文化势能。因此，有些产品如果能够注册一个"洋品牌"，就往往能够借助外国商品和文化的势能差，更快地建立起参与者的优势体验感。在全球范围内，瑞士手表往往给人高端、高级等印象，而法国等欧美品牌化妆品在各国都受到追捧，至于机械零部件，德系、日系品牌有较大的文化势能。如今，随着中国文化的崛起，"国潮"正在变成新的文化势能，形成新的叙事体验。企业可以结合自身产品所在的行业情况，了解新文化元素的方向，通过文化势能来提升产品软价值。

个性化的叙事体验价值随着生活水平的提高而提升。软价值经济的参与者已经不再满足于单一的口味、审美等，对多样化、个性化的需求也越来越明显。企业必须拥有与个性化需求相对应的丰富产品矩阵，才能够应对不同群体的有效需求。当然，如果能够针对单一参与者进行个性化设计、定制化服务，产品的个性化叙事体验价值就会加倍提升。

## 二、B 类叙事体验价值

还有一类叙事体验价值，虽然不能直接提高产品的软价值，但是可以提高产品的消费频率，这样的叙事体验主要包括参与互动感、认同归属感、时尚感、惊喜感的叙事体验。

参与互动感，在数字经济时代，从传统电话客服到互联网平台中微博、微信或者独立 App 等多种平台，用户与企业交流的方式越来越多，让用户参与打分、评论，甚至参与产品设计的方式也越来越丰富。很多数字产品，本身就是用户表达情感的平台，有很多物质产品也可以让参与者扫一扫产品二维码，将个人心情、感悟以文字形式上传，并提供表达的平台。

认同归属感，即让产品和服务承载客户对社交关系的需求，打造身份认同以及被理解、被认可、被尊重的社交属性方面的叙事体验。以星巴克为例，除了咖啡这样的核心产品，它还致力于打造除了家和办公室之外的"第三空间"，让客户来这里找到休闲放空、商务闲聊、好友社交的认同归属感。

时尚的叙事体验，能够给参与者带来前卫、潮流的心理满足感。可口可乐虽然历经百年，但总是通过寻找当下最时尚的明星代言的方式，使其一直与最时尚的叙事密切相连。

惊喜感的叙事体验，也能带来消费频率的提高。比如最近几年颇流行的盲盒，用户在购买之前无法预知购买的物品到底是何种何样，只有到开箱那一刻才知道。当然，这种开箱的乐趣可能大于产品本身的消费。

任何数字产品、文化娱乐产品、知识产品，都要加入一定的叙事才能走向市场。因为参与者不仅关注产品的物理功能，也关注相关叙事体验，因为他的每一次购买，都是一种生活方式的选择。

## 第五节　场景、变现与商业模式创新

每种生活方式或工作方式都对应着一个特定的场景，不同场景对应不同的市场需求；每一次场景的创新，也会开启一种新的生活或工作方式，并创造新的市场需求。场景创新、变现模式创新，都可以带来全新的商业模式。

### 一、场景创新的原理与方法

场景可以理解为"什么人，在什么时间、空间，带着什么样的情绪、动机，通过什么行为来满足什么样的需求"，主要包括五个关键因素，分别是人物、时间、空间、行为、需求（见图9-2）。

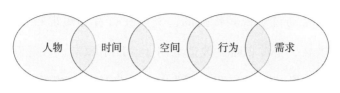

图 9-2 场景五要素

通过对场景五要素进行细分,不同要素之间进行随机组合,最终创造出新场景。

共享单车的创新,本质上就是一个场景创新:应用的是内置 GPS、智能锁等电子设备以及扫码开锁等技术,用户选择白领青年、学生等不购买自行车的群体,时间一般在上下班,空间从地铁、公交站点到工作单位或住宅小区之间,行为是"最后一公里"的交通需求,满足了年轻人环保、健身等需求。采用无固定车桩模式,用户仅使用手机扫码就可使用附近的共享单车,随用随还。

王老吉创造了"怕上火喝王老吉"的应用场景,将不同要素随机组合,首先用户选择了年轻人,其次时间和空间选择了下午或晚上的火锅店,再次行为主要是聚会吃火锅,最后痛点是年轻人既想满足口腹之欲又怕上火。通过"怕上火喝王老吉"的应用场景,让年轻人在吃火锅的时候"条件反射"地关联到王老吉。

除了善于用场景要素组合、产品组合等方法来创新场景之外,场景的传播也很重要。近年来很多新的消费场景、体验场景是通过短视频传播的，例如在抖音等短视频平台上，家庭烘焙、手冲咖啡、改造老房子、DIY家居设计等新消费场景的内容非常受欢迎，相关内容本身是非常减压的视频节目，同时又带动了相关器材、耗材的销售。

在数字经济时代，互联网或虚拟世界的场景创新空间更大，每一款游戏、每一个互联网社区、每一个虚拟空间，都可以把不同的人物、时间、空间、行为、需求组合在一起，形成新的应用场景，进而创造新的生活方式和市场需求。

有人说，场景是触发器，人的需求总是在特定场景下被触发、被激活；也有人说场景是定位器，决定了产品的市场定位。实际上场景还是连接器，把产品、内容、流量、体验、变现模式都连接在一起。

## 二、软价值变现与商业模式创新

共享消费是软价值经济的创新商业模式和变现模式。

与物质产品的专享性不同，很多知识产品、文化娱乐产品、数字产品是可以共享的，而且复制的边际成本和传输成本几乎为零，这就为软价值经济的商业模式创新和变现模式创新提供了广阔的空间。

现在视频平台上有很多单价9.9元的优质课程，比如厨艺课、理财课、英语课、物理课等。有一位高中物理老师在线授课，优质的课程内容吸引了数以万计的学生购买，一节课单价9.9元，使他的最高时薪达到25 000元，这远远超过了传统的课堂讲课收入。

与此类似，分答、微博问答等知识共享平台也提供了这样的知识产品共享模式：先邀请明星、知名人士和专家等在线回答问题，并给提问标出价格；然后那些愿意向名人请教的网友，就付费向名人提问；与此同时，观众可以支付很低的价格（如1元钱）围观答案，而围观答案的观众所付的费用，由平台、提问者和答问者分享。

概率消费是数字经济又一种商业模式和变现模式创新。

比如，对于某游戏中的"概率消费"，该游戏公司的创始人是这样描述的："比如我要在一把刀上面镶一颗宝石。在我们的设计中，这把刀是最极品的刀，需要他花1 000块钱。但是如果说让他买一颗1 000块钱的宝石镶上去，这个肯定大家就不买了。我们后来设计的方式是这样，让他花10块钱买1颗宝石，镶上去，成功的概率是1%。其实最后也是花费1 000块钱。但是这种方式他就容易接受，消费面就会更宽。"

近几年，在中国流行的盲盒消费，本质上就是一种概率消费。盲盒的基本形式是人们购买一个玩偶系列，或者一个玩偶，并不知道某一个盲盒中装的玩偶是哪一款。在不确定能否开出高价值商品的概率背后,还隐藏着非固定价格的强化效应,加强了人们对隐藏款和限量款的期待,以及让消费者产生通过掂重量、摇盲盒、捏盒子等小技巧就能找出限量款的控制幻觉。这些都通过概率消费极大地增加了叙事体验价值,因而也成为软价值经济中可圈可点的商业模式创新。

虚拟体验消费是数字经济越来越流行的商业模式和变现模式。

在数字平行世界的虚拟场景下,设计很多体验环节,并出售相关商品。比如游戏中的皮肤、武器等,都是数字平行世界里经常销售的数字商品。对于游戏设计者而言,这些数字商品的制作成本几乎是零,但是却给购买者带来了特定的心理体验。

为了促进玩家多消费,游戏开发者会利用各种文化背景来设计不同的虚拟体验产品。比如《王者荣耀》上市已经近8年时间,但仍然是腾讯甚至全网最能赢利的手机游戏之一,其中一个重要的赢利方式就是出售游戏角色的"皮肤",据说某一款皮肤创下了日收入1.5亿元的纪录。2023年7月,《王者荣耀》以2.2亿美元的成绩成为全球手机游戏收入第一名。对于这样一个非游戏玩家看来不过是图片的"皮肤",对游戏玩家而言却意义非凡。有的玩家买皮肤是为了纪念和对自己的肯定,有的玩家购买皮肤是为了营造游戏的手感。在虚拟数字经济世界,还有用数字藏品 NFT 变现的模式。例如：2021 年,意大利奢侈品牌 D&G 通过公开拍卖定制服装 NFT,收入 515 万欧元;2022 年,再次发行了 5 500 个 NFT 盲盒,收入 2 300 万欧元。据了解 NFT 部门只有两位员工——潘庭安和 Davide Sgharr,成为 D&G 公司人均利润最高的部门。

俱乐部经济则是综合了多种变现模式的商业模式。

以最流行的足球俱乐部为例,除了传统的满足观赏需求的门票收入分成,足球"俱乐部经济"还包括以下多种变现模式。

第一,商业赞助收入。每一个球队俱乐部都能够吸引一批赞助商,或附带广告条款,或出席特定商业活动、参加友谊比赛等条件的商业赞助。

第二,赛事的电视、网络转播费用分成,也是一个足球俱乐部的重要收入来源。当然,球队的水平、社会地位、受欢迎程度,都直接影响该球队俱乐部能够从比赛举办方那里得到的转播费的多寡。

第三,球票的收入通常归球赛的主办方,但球队会得到相应的分成。有能力单独举办赛事的球队俱乐部,自己可以获得球票的大部分收入。

第四,对于那些有能力发掘、培养优秀球员的球队俱乐部,球员的转会费也是一笔不菲的收入来源。例如目前效力于罗马俱乐部的比利时职业足球运动员罗梅卢·卢卡库（Romelu Lukaku），经历了频繁的转会交易，7次转会费总额达到3.33亿欧元，成为当前转会费最高的足球运动员，那些经手交易的俱乐部也都从中获取了各自的转会收益。

第五，每一场比赛通常都设有比赛奖金，包括出场奖金、赢球奖金、晋级奖金、冠亚军奖金等。

第六，每个知名球队俱乐部都拥有自己的官方专卖店、特许用品商品、动漫形象使用权、旅游合作开发，以及各种深度开发的软价值实现方式。

第七，球队的商业冠名权通常属于球队和俱乐部的老板，如果其他企业要使用，需支付冠名权费用。

最后，在以数字经济为代表的软价值经济时代，面对各种纷繁复杂的经济现象和创新商业模式，关键是要透过现象看透软价值经济的本质。只要掌握了创新函数、软价值函数等底层原理所包含的价值创造的新方法，理解软价值经济循环的不同环节、软价值经济周期的不同阶段，就可以在软价值经济的财富流向与分配中调整好自己的站位，立于新时期商业模式创新的潮头！

# 参考文献

1. 萨伊.政治经济学概论［M］.陈福生，陈振骅，译.北京：商务印书馆，1963.

2. 约翰·M.凯恩斯.货币论：货币的纯理论［M］.何瑞英，译.北京：商务印书馆，1986.

3. R.科斯，A.阿尔钦，D.诺斯.财产权利与制度变迁［M］.上海：上海人民出版社，1994.

4. 道格拉斯·诺斯.经济史中的结构与变迁［M］.陈郁，罗华平，等译.上海：上海人民出版社，1994.

5. 大卫·哈维.地理学中的解释［M］.北京：商务印书馆，1997.

6. 达尔文.物种起源［M］.苏德干，译.西安：陕西人民出版社，2001.

7. 约翰·格利宾.寻找薛定谔的猫［M］.张广才，许爱国，谢平，等译.海口：海南出版社，2001.

8. 杨祖陶.康德黑格尔哲学研究［M］.武汉：武汉大学出版社，2001.

9. 约翰·齐曼.技术创新进化论［M］.孙喜杰，曾国屏，译.上海：上海科技教育出版社，2002.

10. 胡代光，厉以宁，袁东明.凯恩斯主义的发展和演变［M］.北京：清华大学出版社，2003.

11. 乔治·H.米德.十九世纪的思想运动［M］.陈虎平，刘芳念，译.北京：中国城市出版社，2003.

12. 陈平.文明分岔、经济混沌和演化经济动力学［M］.北京：北京大学出版社，2004.

13. 卡尔·亨因里希·马克思.资本论［M］.中共中央马克思恩格斯列宁斯大林著作编译局译.北京：人民出版社，2004.

14. 史蒂芬·霍金.时间简史［M］.许明贤，吴中超，译.长沙：湖南科学技术出版社，2005.

15. 史蒂芬·霍金.时空本性［M］.吴中超，译.长沙：湖南科学技术出版社，2005.

16. 阿尔弗雷德·马歇尔.经济学原理［M］.廉运杰，译.北京：华夏出版社，2005.

17. D.J.奥康诺.批评的西方哲学史［M］.洪汉鼎，等译.上海：东方出版社，2005.

18. 大卫·兰德斯.解除束缚的普罗米修斯[M].谢怀筑，译.北京：华夏出版社，2007.

19. 弗雷德·艾伦·沃尔夫.精神的宇宙[M].吕捷，译.北京：商务印书馆，2007.

20. 亚当·斯密.国民财富性质和原因的研究[M].北京：商务印书馆，2008.

21. 迈克尔·舍默.当经济学遇上生物学和心理学[M].闾佳，译.北京：中国人民大学出版社，2009.

22. 滕泰.财富的觉醒[M].北京：机械工业出版社，2009.

23. 约翰·M.凯恩斯.就业、利息和货币通论[M].徐毓枬，译.南京：译林出版社，2011.

24. 葛詹尼加，等.认知神经科学——关于心智的生物学[M].周晓林，高定国，等译.北京：中国轻工业出版社，2011.

25. 亨利·伯格森.创造进化论[M].姜志辉，译.北京：商务印书馆，2012.

26. 曼吉特·库马尔.量子理论：爱因斯坦与玻尔关于世界本质的伟大论战[M].包新周，伍义生，余瑾，译.重庆：重庆出版社，2012.

27. 约翰·格利宾. 寻找多重宇宙 [M]. 常宁, 何玉静, 译. 海口: 海南出版社, 2012.

28. 龙多·卡梅伦, 拉里·尼尔. 世界经济简史 [M]. 潘宁, 等译. 上海: 上海译文出版社, 2012.

29. 杜·舒尔兹, 西德尼·埃伦·舒尔兹. 现代心理学史 [M]. 叶浩生, 译. 南京: 江苏教育出版社, 2012.

30. 克里斯托夫·科赫. 意识探秘: 意识的神经生物学研究 [M]. 顾凡及, 译. 上海: 上海科学技术出版社, 2012.

31. 曹天元. 上帝掷骰子吗 [M]. 北京: 北京联合出版社, 2013.

32. 张轩中, 黄宇傲天. 日出: 量子力学与相对论 [M]. 北京: 清华大学出版社, 2013.

33. 卡尔·门格尔. 国民经济学原理 [M]. 刘絜敖, 译. 上海: 上海世纪出版集团, 2013.

34. 滕泰. 民富论: 新供给主义百年强国路 [M]. 上海: 东方出版社, 2013.

35. 维克托·迈尔-舍恩伯格, 肯尼思·库克耶, 等. 大数据时代: 生活、工作与思维的大变革 [M]. 盛杨燕, 周涛, 等译. 杭州: 浙江人民出版社, 2013.

36. 亚德里安·斯莱沃斯基, 卡尔·韦伯. 需求: 缔造伟大商业传奇的根本力量 [M]. 龙志勇, 魏薇, 译. 杭州:

浙江人民出版社，2013.

37. 约翰·贝茨·克拉克.财富的分配[M].王翼龙，译.北京：华夏出版社，2013.

38. 布莱恩·阿瑟.技术的本质[M].曹东溟，王健，译.杭州：浙江人民出版社，2014.

39. 蒂姆·哈福德.适应性创新：伟大企业持续创新的竞争法则[M].冷迪，译.杭州：浙江人民出版社，2014.

40. 拉里·唐斯，保罗·纽恩斯.大爆炸式创新[M].粟之敦，译.杭州：浙江人民出版社，2014.

41. 乔纳·莱勒.普鲁斯特是个神经学家：艺术与科学的交融[M].庄云路，译.杭州：浙江人民出版社，2014.

42. 乔纳·莱勒.想象：创造力的科学与艺术[M].简学，邓雷群，译.杭州：浙江人民出版社，2014.

43. 迪恩·雷丁.缠绕的意念：当心理学遇见量子力学[M].任颂华，译.北京：人民邮电出版社，2015.

44. 阿米尔·艾克赛尔.纠缠态[M].庄星来，译.上海：上海科学技术文献出版社，2016.

45. 丹尼斯·奥弗比.恋爱中的爱因斯坦[M].冯承天，涂泓，译.上海：上海科技教育出版社，2016.

46. 吉姆·艾尔-哈利利，约翰乔·麦克法登.神秘的量子生命[M].侯新智，祝锦杰，译.杭州：浙江人民出版社，2016.

47. 安妮塔·埃尔伯斯. 爆款：如何打造超级IP [M]. 杨雨，译. 北京：中信出版社，2016.

48. 陈焱. 好莱坞模式：美国电影产业研究 [M]. 北京：北京联合出版社，2016.

49. 滕泰. 新财富论 [M]. 北京：化学工业出版社，2016.

50. 滕泰. 软价值：量子时代的财富创造新范式 [M]. 北京：中信出版社，2017.

51. 江小涓. 制度变革与产业发展 [M]. 北京：北京师范大学出版社，2010.

52. 江小涓. 网络时代的服务型经济：中国迈进发展新阶段 [M]. 北京：中国社会科学出版社，2018.

53. 林左鸣. 广义虚拟经济二元价值容介态的经济 [M]. 北京：人民出版社，2010.

54. 刘继军. 爱因斯坦：想象颠覆世界 [M]. 北京：北京联合出版公司，2016.

55. 晏智杰. 晏智杰讲亚当·斯密 [M]. 北京：北京大学出版社，2011.

56. 晏智杰. 劳动价值学说新探 [M]. 北京：北京大学出版社，2001.

57. 吴晓波. 腾讯传：1998—2016中国互联网公司进化

论［M］.杭州：浙江大学出版社，2017.

58. 刘鹤.两次全球大危机的比较研究［M］.北京：中国经济出版社，2013.

59. 张军.中国经济再廿年［M］.北京：北京大学出版社，2013.

60. 李晓西.转轨经济笔记［M］.广州：广东经济出版社，2001.

61. 王钦.人单合一的管理学新工业革命背景下的海尔转型［M］.北京：经济管理出版社，2016.

62. 曹仰锋.海尔转型人人都是CEO（修订版）［M］.北京：中信出版社，2017.

63. 孙郡.流量变现：你的流量，能变现吗［M］.北京：中国经济出版社，2020.

64. 约瑟夫·熊彼特.经济发展理论［M］.何畏，易家祥，等译.北京：商务印书馆，1990.

65. 约瑟夫·熊彼特.资本主义、社会主义与民主［M］.吴良健，译.北京：商务印书馆，1999.

66. 彼得·德鲁克.技术与管理［M］.慈玉鹏，译.北京：机械工业出版社，2020.

67. 彼得·德鲁克.人与商业［M］.慈玉鹏，译.北京：机械工业出版社，2019.

68. 彼得·德鲁克.德鲁克管理思想精要[M].李维安，王世权，刘金岩，译.北京：机械工业出版社，2019.

69. 加来道雄.平行宇宙[M].伍义生，包新周，译.重庆：重庆出版社，2014.

70. 约翰·华生.人类行为心理学[M].文竹，译.长春：吉林出版集团股份有限公司，2019.

71. 约瑟夫·斯蒂格利茨.不平等的代价[M].张子源，译.北京：机械工业出版社，2020.

72. 弗里德里希·冯·哈耶克.哈耶克文集[M].冯克利，译.南京：江苏人民出版社，2000.

73. 维韦克·瓦德瓦，亚历克斯·萨尔克弗.未来之路科技、商业和人类的选择[M].王晋，译.北京：中信出版集团，2018.

74. 詹姆斯·C.斯科特.国家的视角那些试图改善人类状况的项目是如何失败的[M].王晓毅，译.北京：社会科学文献出版社，2019.

75. 丹娜·左哈尔.量子领导者：商业思维和实践的革命[M].杨壮，施诺，译.北京：机械工业出版社，2016.

76. 保罗·梅森.新经济的逻辑：个人、企业和国家如何应对未来[M].熊海虹，译.北京：中信出版社，2017.

77. 托马斯·麦克劳.创新的先知[M].陈叶盛，周端明，蔡静，译.北京：中信出版社，2010.

78. 格雷克.信息简史［M］.高博，译.北京：人民邮电出版社，2013.

79. 布莱恩·克莱格.量子计算［M］.伍义生，译.重庆：重庆出版社，2023.

80. 迈克尔·伍尔德里奇.人工智能全传［M］.许舒，译.杭州：浙江科学技术出版社，2021.

81. 龙志勇，黄雯.大模型时代［M］.北京：中译出版社，2023.

82. 托马斯·M.科弗，茱伊·A.托马斯.信息论基础［M］.阮吉寿，张华，译.机械工业出版社，2008.

83. 克里斯·米勒.芯片战争［M］.蔡树军，译.杭州：浙江人民出版社，2023.

84. 埃尔温·薛定谔.生命是什么［M］.梁震宇，译.成都：四川文艺出版社，2022.

85. 陈龙强，张丽锦.虚拟数字人3.0［M］.北京：中译出版社，2022.

86. 丁磊.生成式人工智能［M］.北京：中信出版社，2023.

87. 卡尔·波兰尼.大转型：我们时代的政治与经济起源［M］.冯钢，刘阳，译.北京：当代世界出版社，2020.

88. 吴敬琏，张维迎，等.改革是最大政策［M］.北京：东方出版社，2014.

89. 滕泰，朱长征，等.深度转型：大分化时代中国怎么办［M］.北京：企业管理出版社，2022.

90. ［日］稻盛和夫.稻盛和夫阿米巴经营实践：全员参与经营 主动创造收益［M］.曹寓刚，译.北京：中国大百科全书出版社，2018.

91. 克里斯·安德森.免费：商业的未来［M］.蒋旭峰，冯斌，璩静，译.北京：中信出版社，2015.

92. 朱嘉明.元宇宙与数字经济［M］.北京：中译出版社，2022.

93. 彼得·德鲁克.卓有成效的管理者［M］.刘澜，译.北京：机械工业出版社，2023.

94. 况阳.绩效使能：超越OKR［M］.北京：机械工业出版社，2019.

95. 埃德蒙·费尔普斯.大繁荣［M］.余江，译.北京：中信出版社，2013.

96. 布莱恩·阿瑟.技术的本质：技术是什么，它是如何进化的［M］.曹东溟，王健，译.杭州：浙江人民出版社，2014.

97. 肖利华，等.数智驱动新增长［M］.北京：电子工业出版社,2021.

98. 赵刚.数字经济的逻辑[M].北京:人民邮电出版社,2022.

99. 李正茂,等.云网融合[M].北京:中信出版社,2022.

100. 杨东,徐信予.数字经济理论与治理[M].北京:中国社会科学出版社,2021.

101. 马晓东.数字化转型方法论:落地路径与数据中台[M].北京:机械工业出版社,2021.

# 推荐语

（排名不分先后，按姓氏笔画排序）

科技的迅猛发展与人类文明的不断进步，引领了经济形态在过去数百年间的持续演变。自互联网诞生之日起，数据、知识与创新逐渐成为经济发展的核心驱动力。在这本书中，滕泰博士等作者凭借其深厚的学术积累与独特的洞见，进行了对数字经济微观基础与宏观循环的深度剖析。本书不仅深入探讨了数字经济中的价值源泉、创新机制、价值实现路径与商业模式，更从全新的视角探索了数字经济的经济周期规律和财富分配体系。滕泰博士的这部学术巨著，为我们对Web3.0、元宇宙和数字经济等领域的理解与把握提供了新的视角与方法论，是政策制定者、学者、企业家和专业人士在深入研究与应对未来经济发展中可以重点参考的读物。

——**于佳宁** UWEB校长，**中国移动通信联合会元宇宙产业委执行主任，香港区块链协会荣誉主席**

为什么华为能从一家固话交换机生产商，成长为全球领先的科技研发巨头？当前成千上万的中国制造业企业有多少能实现创新转型，拥有自己的独立研发能力？作为消费电子制造业企业的管理者，我也一直在思考公司向科技研发型企业转型升级的可能路径。

读了滕泰博士的新书，从方法论上给我很大启发，只有掌握了创新的底层原理，营造好创新环境，吸引创新人才，搭建起创新机制，提高创意者灵感概率，才能提升产品研发创新的成功概率，实现企业向研发创意产业的"蝶变"。我推荐企业家都来读读这本书，推动中国经济的创新升级。

——**万锋** 深圳同兴达科技股份有限公司董事长

我来自中关村。近年来，我越来越感到有着新经济特征的网络技术、人工智能技术发展正在改变人们的生产和生活方式，传统经济学理论已无法解释新经济出现的各种现象。比如，"羊毛出在猪身上让狗买单"的商业模式（即服务免费，赚钱的方式另出他处），使传统价格理论所依据的条件正在发生改变；构成价格形成机制的效用、平均成本、边际成本、供求关系等因素难以解释新经济下的"信息产品"的定价；同样，互联网下，一种新的商业模式迅速聚合起巨量的用户，形成垄断力量，强者通吃，使人们对其发展态势的理解力和预测力远远不及，对参与者的行为导向、政府规制等难以做出准确的判断。因此，我们一直认为，新经济呼唤新经济理论，新经济呼唤新经济理论家。滕泰博士的这本书就是对新经济理论的一种探索。这本书不仅对企业如何认识研发投入与产出的特点有所帮助，而且将对新经济下如何形成更有效率的市场机制有所帮助。通过对新经济理论研究为社会提供一个解读新模式新现象的新视角，将是今天的理论工作者对社会发展做出的重大贡献。

——**王小兰** 第十三届全国政协委员，时代集团公司总裁

在外交领域，各国要重视"软实力"，在经济领域，企业创新

要重视"软价值"。当很多传统企业还在用罗盘探索方向的时候,有人已经借助卫星导航飞向更广阔的天空。期望滕泰博士等人从前沿物理学和数字经济的最新实践出发所提出的软价值经济学相关原理,能够成为新时期企业创新转型的卫星导航工具,助力中国经济奔向更广阔的未来!

——**王立建** 北京中岩大地科技股份有限公司创始人、董事长

上一次读到"软价值"还是在滕泰博士的《深度转型:大分化时代中国怎么办》,这次新书显然对于软价值有了更加系统和全面理论阐述。在 AI 大模型不断迭代出令人惊艳效果的当下,数字经济在整个国民经济活动中所占比重也越来越高,可以说数字经济的实践对于理论的需求也较为迫切。数据是否能纳入生产要素或者数据作为一种生产要素将如何更好地发挥作用都是亟待解决的问题。中国经历了土地要素市场化的改革,从家庭联产承包责任制到国有土地使用权出让制度改革等;经历了资本要素市场化的改革,从银行信贷制度改革到资本市场的建立及注册制等。这些生产要素的改革在不同的阶段都为经济的腾飞起到了重要作用。那么数据作为生产要素的下一步改革是否能释放出同样的潜力也是值得期待的。滕泰博士的这本新书从物理和哲学的角度创造性地提出"物质-信息融合发展论",进而阐述了数字经济时代的底层逻辑,对我们理解和实践数字经济都有重要启示,值得反复阅读和思考。

——**王欣** 彩讯股份董事会秘书兼财务总监

近年来,互联网和数字技术的飞速发展颠覆了传统认知,也给经济基础理论带来了新的挑战。滕泰博士的这本书从崭新的角度阐

述了科技价值创造过程,是新经济背景下的重要理论创新。软价值经济理论从创造原理到经济循环周期再到企业实践运用,构建了相对完整的理论和应用体系。在数字中国建设如火如荼的当下,本书的出版为理论研究者和企业家提供了新的思路,尤其是为数字经济的从业者推开了一扇实践创新的崭新大门。

——王剑　浩丰科技董事长

在我看来,经营企业唯一不变的就是变。而当下时代创新与破局的关键,除了"硬实力",也需要"软价值",多年来同时经营消费品和生物医药企业,让我深深体会到研发、设计、品牌、渠道等软价值的重要性。滕泰博士的新书在这些知识点上均提出了独到的新视角、新方法、新规律,将理论高度与实践深度结合,对于企业家理解软价值,从认知上转变思维、转型创新是一本行之有效的佳作。

——王振滔　奥康集团有限公司董事长

中国经济发展正面临内外多重挑战,新时期的经济形势如何突破困境、再创新局,各方都在关注有哪些最佳解决方案?很多拉美国家、亚洲国家和地区在走过进口替代和出口替代的高速发展阶段以后就失去了方向,而中国台湾地区以及韩国、新加坡等国则依靠制造业升级、发展芯片等高科技产业、繁荣文化娱乐产业而成功跨入新的发展阶段。如何在完成工业化以后仍然保持持续增长动力?滕泰博士的这本新书不但提出了推动产业创新升级的"创新函数"原理,还发现了很多数字经济时代的新经济规律,这与我这些年在媒体界的观察和见证台湾地区电子科技企业创新发展经验是一致的,相信这些原理和经济规律对于推动中国企业的观念和战略转型能够发挥积极作用,也期待中国经济加快创新转型步伐,早日开启新的繁荣周期!

——王铭义　台达电北京首席代表、台湾《中国时报》原总编辑

进入 21 世纪,以数字财富为代表的非物质经济突飞猛进,与传统物质经济相得益彰、"软硬兼施"、并驾齐驱。如此蔚为壮观的场景和蓬勃发展的趋势亟待经济理论的突破,亟待对非物质经济规律的发现和确立。从 2006 年的《新财富论》到 2014 年的《软财富》,再到新近的《软价值经济学:数字经济时代的底层逻辑》,滕泰博士孜孜以求十数年,旨在推动社会经济观念的转变和企业创新转型,本书提出的物质 – 信息融合发展论、创新函数、软价值经济周期等底层原理为我们更好地理解和把握数字经济与人工智能时代的各种经济现象,提供了新的理论武器,值得一读。

——方泉　《融资中国》总编辑,《证券市场周刊》原主编

我在与很多创业公司和上市公司打交道的过程中深深感到,投资就是认知的变现,任何投资人都很难赚到他认知之外的钱。因此,投资人都在不断提升和扩展自己的认知,尤其是对未来经济和产业的发展趋势,更是投资界最为关注的课题。滕泰博士的《软价值经济学:数字经济时代的底层逻辑》正是这样一部揭示数字经济和人工智能时代财富创造规律的著作:我们正在进入"软价值时代",不仅在互联网、人工智能和虚拟现实世界,软价值创造能力至关重要,就连智能制造产业,甚至传统的文化娱乐产业、知识教育产业、高端服务业等核心价值也是研发、品牌、流量、体验等软价值。投资人需要识别那些软价值创造能力更强的投资标的,滕泰

博士的这本新书将更清晰的未来纳入我们的投资视野和认知范围。

——石双月　信合资本创始人

　　价值规律是市场经济基本规律,价值理论是现代经济学最基础的理论。随着社会的变迁,市场经济规律也在发生变化,价值理论也经过了不断的创新和发展。我们现在进入信息化社会,处在数字经济时代,新时代新形势呼唤着新的理论。滕泰博士等人的专著《软价值经济学:数字经济时代的底层逻辑》顺应时代的变化,提出了反映数字经济时代价值规律的新思想、新论断,这本书内容让人耳目一新,它对政府官员制定政策、企业家经营和普通大众把握数字经济时代市场经济规律,以及大专院校的师生认识和把握经济学新理论,都有重大意义。

——冯春安　中央财经大学经济学院原院长、教授

　　技术迅速迭代,赛道快速转换,传统产业普遍面临着创新、转型和升级的重任,但方向怎样把握,路径如何规划,如何摆脱宏观周期和行业周期下行的影响,让很多企业家感到困惑。滕泰博士的新书《软价值经济学:数字经济时代的底层逻辑》揭示,在软价值经济中,研发创造价值,制造实现价值,未来不再是研发为生产服务,而是生产开始为研发服务,以此来惊醒企业重视研发创新。软价值经济学还提出了以创新、企业家参与经济的热度、宏观叙事等为主的新经济周期理论,对企业更好地把握未来的经济周期很有参考意义,值得一读!

——师利全　智云股份有限公司董事长

## 推荐语

中国经济正在从投资驱动向创新驱动转型升级,我们多年来已经习惯的价值创造方式正在发生巨大变化,怎样用互联网和数字经济的力量赋能传统制造企业、助力中国制造业创新转型,是我多年来一直思考并身体力行的事情。滕泰博士的《软价值经济学:数字经济时代的底层逻辑》提出物质–信息融合发展论,不仅准确地解释了数字经济对物质世界的影响关系,而且提出了很多新的方法论和商业模式,不仅为我们更好地理解和适应数字经济 2.0 时代提供了理论武器,而且对企业创新转型具有很重要的实践价值,非常值得一读。

——朱军红　上海钢联电子商务股份公司董事长

服务业、零售业作为第三产业,一直以来都被认为"人"才是最大的生产要素。互联网的出现,如同蒸汽机的发明,使这些行业有了质的转变。滕泰博士的《软价值经济学:数字经济时代的底层逻辑》将这个质的转变做了全新的定义和理论性归纳,用具体案例深入剖析什么是软价值经济。"人"的智慧创造被赋予经济性。软价值循环下的底层"数据"在生产—分配—流通—消费的循环里有了新的含义和作为。未来企业发展不仅需要物质的基础建设,更需要着眼软价值的提升和创新。数字科技作为"人"创造出来的新生产要素,必将改变这个世界。

——朱菁　永旺集团执行董事、首席数字官

企业宗旨是为顾客创造价值,滕泰老师的《软价值经济学:数字经济时代的底层逻辑》拓展了价值创造的经济学内涵,对科研和创新的价值创造原理给出了全新的解释。对于当前阶段企业为改善创新环境、积累创新元素、提高创意灵感、改进研发管理、推动创新转型，在方法论上很有启发意义。

——**刘世英**　总裁读书会创始人

每个企业家都想创造出有价值的产品，但是大部分企业都不敢盲目加大研发的投入，因为真正能够确保研发投入的产出效率，前提是必须拥有创新人才、掌握研发的规律。软价值经济学从物理学的量子理论、信息论，以及生物学的神经网络和人工智能大模型原理出发，提出了决定创新思维产生概率的"创新函数"，这虽然只是学术哲理层面的理论创新，还不能直接转化为管理方法，但软价值经济学所揭示的底层逻辑和提出的问题，对于企业家更深层次地思考和把握创新，更好地理解数字时代的经济循环、探索新商业模式都提供了新的视角，很有启发价值。

——**刘建华**　北京康辰药业股份有限公司董事长

当我们每一位教育工作者用"信任、负责、奋进"的态度，接过家长和孩子的托付，就无时无刻不在投入情感和创新思维，这些投入所创造的价值如何体现，需要全社会更深刻的认识。读了滕泰博士的新书，使我更坚定地相信教育的软价值创造作用。未来的经济，将是以人为本，以研发创意、体验价值等信息态价值为主体的软价值经济，培养孩子的创新思维，就是培养中国的未来。我愿意向大家推荐这本书，大家一起来做软价值的创造者！

——**池燕明**　豆神教育科技（北京）股份有限公司创始人

## 推荐语

消费变革甚至跌宕的这段时间里,人们对美好生活的向往没变,它描绘了一条经由感知丰富身心的体验之路,也是实干家们从有形生产到无形创造的蜕变之路。滕泰博士的新书在动态转型的情势中,直面界定并正向拥抱了新认知下的软价值,其角度研习之专注,模式探讨之透彻,无疑为迭代甚至换代的企业亮起了一盏明灯。受众、产品、平台、环境共舞的时代,值得我们心怀敬畏,全情投入,去探索新供给侧的奥义和呈现。

——孙坚　首旅酒店集团总经理,如家酒店集团董事长

《软价值经济学:数字经济时代的底层逻辑》超越传统经济学对传统经济增长模式的解读,开启了新的视角,揭示了新的逻辑,提供了新的方法论,有助于我们观察理解与物质世界既平行又融合并呈现出加速发展趋势的信息与数字空间,认识把握数字经济时代价值与财富创造的新要素、新特点、新规律,进而与时俱进地更新观念、变革体制、营造环境、激发创新活力,将正在进行的数字产业化和产业数字化拓展到更深更广的维度。

——杜跃进　中国经济传媒协会副会长,《经济参考报》原总编辑

滕泰院长一直是我经济学理论学习的引路人,本人亦是软价值经济学理论的践行者和受益者。通过研发创新、场景创新、体验价值创造、流量价值创造等来改变人们的生活方式、创造新需求、增加产品附加值,不失为企业转型创新之道。同时软价值战略也体现在企业的 AI 应用方面,"数字+智能"未来将广泛走进传统行业,是传统行业进行结构化升级的重要内容。在数字经济时代背景下,滕泰院长的新书必将对企业未来战略和竞争产生直接、深刻和巨大

的影响。

——李红霞　北京农产品流通协会预制菜专委会会长，<br>加加食品原董事长

找到一种有效的催化剂，可以成百上千倍地提升化学反应效率，但是寻找催化剂（触媒）的过程，却是由概率支配的"迷宫旅程"。作为一家以科技基因为主体的上市公司的创始人，我一直在思索怎样才能打造提升研发成功概率的管理机制，缩短在"迷宫"中摸索的时间。读了滕泰博士的《软价值经济学：数字经济时代的底层逻辑》，书中关于信息元素和创新者灵感概率的思想，给我很大的启发，我们既需要不断积累数据等信息元素，更需要 IPD 等科学管理方法和良好的研发环境。祝贺《软价值经济学：数字经济时代的底层逻辑》出版，让我们的企业都成为软价值的创造者，成为创新驱动战略的践行者！

——李进　中触媒新材料股份有限公司创始人、董事长

人工智能大模型浪潮带来的最新"三百六十行 行行 AI 化"趋势正是软价值的一个最新体现，中国是一个制造业大国，每一个制造业企业在人工智能时代都面临前所未有的"内外兼修"升级机遇，"内"是人工智能算法嵌入任何产品内在实现自我学习的技术升级，"外"则是全新产品交互设计升级，任何一种产品与人之间的交互方式将全部变成自然语言的沟通，这将是革命性的全新改造，也是"软"的价值意义。我们推荐滕院长在此领域积极研究的成果——《软价值经济学：数字经济时代的底层逻辑》，它帮我们更好

地梳理经济学的原理和逻辑。

——李明顺　行行 AI 董事长，顺福资本创始合伙人

我们正处在一个变化非常快的革命性时代，面对正在进行的信息革命、大数据、人工智能等软财富革命所带给我们生活、工作、社会组织方式、财富结构和经济形态的变化，新的时代需要用新的思维方式来面对，才能更好地解决问题和发展行业。滕泰老师提出的满足美好生活需要的新时代经济学创新理论——软价值论，倡导做软价值的创造者，即通过研发创新、场景创新、体验价值创造、流量价值创造等来改变人的生活方式、创造新需求、增加产品附加值，不失为企业转型创新之道。非常值得每一个人仔细阅读、推敲和思考。在新时代里，和时代一起成长，好玩的时候永远正当时。

——李晖　上海风语筑文化科技股份有限公司董事长

每个人都希望窥探未来的秘密，滕泰老师的新书为我们提供了一种极为创新的视角，"软价值"不仅是一种经济学思想，更意味着一场哲学革命！如何让更多青年人理解软价值思想的精髓？如何在工作中创造更丰满的叙事体验？如何迭代自己的创造力与时代同步？……传统教育显然已经无法胜任数字时代人们对价值创造能力的渴求。作为一名教育工作者，阅读本书不仅提升认知，更激活了自己实践的能量，希望您也有相似的收获！

——李骏翼　未来教育研究与实践者，《元宇宙教育》《超级 AI 与未来教育》作者

传统商业模式一定是"销售收入必须大于成本"才能持续，可

### 软价值经济学：数字经济时代的底层逻辑

突然间数字经济彻底颠覆了人们的眼界，它用平台变现、产品变现、内容变现、流量变现、场景变现、体验变现、IP变现等各种弯曲的价值实现路径，使很多平台或产品的价格可以低于成本销售，甚至长期免费供用户使用。这种弯曲的"软价值"变现的生意路径不仅大大冲击着传统经济秩序，而且还让许多没有跟上新经济时代的传统企业望"市"兴叹。这种变化的底层逻辑是什么？为什么既有的经济学理论越来越难以解答新经济现象所带来的困惑？我们应如何把握数字化时代下这些新的生产力和新的生产关系？滕泰博士的新书用精深的理论功底和独特的视角，揭示了传统经济与数字经济之间存在的不同价值要素，进而系统阐述了软价值经济的价值创造规律、经济财富流向与分配规律，以及这些新经济规律在商业模式、社会管理中的实践应用，为我国新经济时代下的数字化产业发展提供了理论向导。

——李湛军　北京发行集团原董事长、党委书记

全球化的竞争中，各行各业显著加快了研发创新的步伐。医药行业自研、风投式研发、合作研发、BD、CRO等各种方法加大研发投入，信息产业则摸索出研发体制上的IPD战略、科研人员管理上的OKR等方法，而滕泰博士的新书则用"创新函数"揭示了研发创新背后的底层经济学逻辑。可以通过对这些原理的理解，从本行业的实际情况出发，设计更适合自身的产品开发机制、提高研发创新效率。即将来临的人工智能、Web 3.0为代表的数字经济2.0时代，是一个创新制胜的时代，各行各业应如何进一步提高创新效率，软价值经济学的各种创新哲学和方法论的提出，正逢其时！

——李燕　齐鲁制药集团总裁

## 推荐语

作为一家立足于红人新经济领域的平台型企业,我们一直在思考并探索内容创作者和平台、流量的关系,当我读到滕泰博士的新书《软价值经济学:数字经济时代的底层逻辑》时,发现其创造性提出的"平台—产品—场景—流量—体验—变现"的数字经济循环,第一次从理论层面回答了这些问题、概括了这些新的经济规律。软价值经济学还从积累创新思维的"信息元素"、提升有效信息组合的"创意者灵感概率"、提高参与热度系数等各种角度来诠释软价值的创造原理,还揭示了数字经济的财富流向与分配规律、软价值的各种创新变现模式,经济理论探索和新经济的现实结合得如此紧密,在我的阅读体验中还是第一次。祝贺滕泰博士的新书出版,人人都做软价值的创造者!

——**李檬** 天下秀数字科技(集团)股份有限公司董事长

大健康产业是未来经济的一个重要增长点,大健康产业的发展,既需要科学家的创新思维,也需要医生的仁心仁术,还需要企业对价值创造和实现新规律的认识和掌握。《软价值经济学:数字经济时代的底层逻辑》所揭示的创新规律,以及对供应链、平台、品牌、渠道、流量、体验、场景等软价值的概括,与我们这些年在大健康领域的创新经验和体会不谋而合。祝贺《软价值经济学:数字经济时代的底层逻辑》的出版,满足人民美好生活需要,让我们人人都做新时期的软价值创造者!

——**杨文龙** 仁和集团董事长

在数字经济时代,数据、软件、算法、算力这些形态的财富,不仅已经是经济价值的主体,而且已经深度支配和控制着物质生产过程。现在无论是传统企业数字化转型中的迷茫踌躇，还是新兴企业"风停跌落"，大多企业管理者们还都是用原有的经济模型和定律，去思考和衡量数字经济中的问题。滕泰博士在《软价值经济学：数字经济时代的底层逻辑》这本书中，把创新、数据作为打造软价值经济的元素，提出了"以平台为起点，以产品（内容）为载体，以场景为交会点，以流量为核心价值信号，以叙事体验为价值升华、以变现为商业模式"的新经济循环。本书自身就是对原有经济学理论的创新，提出了更适合数字经济、研发创业产业发展的新理论，给出了数字时代软价值企业发展的底层逻辑。这些新的论点，无论是对于推动中国传统企业的数字化转型，还是对新兴企业的创新，从此都有理论可依、有方法可循，减少盲目的试错，对提升整个社会创新成功的效率，具有重大意义。

——**杨德宏**　杭州米雅信息科技联合创始人

当人们精神需求占比越来越重，企业创新和价值创造理论亟待被重新定义。用软价值经济理论来诠释互联网和数字经济时代的新现象正当其时、恰逢其势，是中国经济学在价值理论领域取得的变革性新突破。根据软价值理论，以数字经济为代表的非物质财富，其价值源泉来自人们创造性思维的财富。用场景创造新市场、新价值，用场景创新重构生活、生产新范式，用创新体验升华创造价值、提升变现能力——软价值经济所构建出的数字经济循环生态，将牵引中国企业走得更快、更好，助力中国经济转型升级、蓄势腾飞。

——**吴太兵**　万兴科技董事长

## 推荐语

软价值经济学是一种新的经济学理论，它强调在传统物质生产之外，以文化、娱乐、体验和创意等非物质产品为主要研究对象的价值创造和增值过程。软价值经济学还提出了新的数字经济循环方式——软价值经济循环：平台—产品—场景—流量—体验—变现。这些非物质产品具有高附加值、高知识密集度、高情感体验等特点，其价值主要体现在满足人们的精神需求和文化认同上。软价值经济学认为，随着全球化和信息化的发展，人们对于非物质产品的需求将不断增加，因此研究软价值经济的生成、流转和效应规律具有重要意义。软价值经济学的研究有助于我们理解当代经济的运行模式和发展趋势，为政策制定者提供决策参考，并推动经济的可持续发展。

——吴怀宇　中国 3D 科技创新产业联盟副理事长

我们处在一个快速变革的时代，时常无法理解层出不穷的新经济现象，而读到滕泰博士的《软价值经济学：数字经济时代的底层逻辑》，顿有拨云见日之感。新经济形态需要新的经济理论，相较于传统经济学理论关注于物质世界的"硬价值"创造，滕泰博士的新作揭开了信息世界的"软价值"创造的神秘面纱。透视数字经济的本质，从哲学基础到创新函数，从经济循环到财富分配，本书系统论证了"物质－信息平行世界"中各种经济活动的底层原理，可谓是经济学基础理论的重大突破。未来已来，开卷有益，关注未来，关注软价值经济学，你我皆为软价值创造者。

——何文盛　兰州大学管理学院院长、经济学院院长

滕泰博士对数字时代何为创新、何为价值创造有独特的观察。

他的新作《软价值经济学：数字经济时代的底层逻辑》，从物理学和哲学底座层面，提出"物质-信息融合发展论"，进而以此为庖丁之刃，分解数字经济的关键要素。查理·芒格有一个格栅理论，来比喻不同学科的不同思维方式是如何相互作用的：当你的头脑中已经有了许多思维方式，你得按自己直接和间接的经验将其安置在格栅模型中。《软价值经济学：数字经济时代的底层逻辑》就是理解数字时代的格栅。ChatGPT及其引发的生成式人工智能热潮，将我们推向了新一轮超级创新周期的起点，站在这个起点，从软价值经济学这个格栅中观察剧变中的世界，会看得更加清晰。

——何伊凡 《中国企业家》杂志社副总编辑

《软价值经济学：数字经济时代的底层逻辑》引领我们走入与传统经济循环截然不同的数字经济世界，滕泰博士提出以平台为出发点，尤其是我自身产业是着眼于元宇宙产业服务平台，让我找到了以流量、内容与场景打造丰富的用户体验、实现变现的形式。随着元宇宙的发展，我们需要理解和应用软价值经济学，来捕捉经济周期，找到新工具，同时创造更多创新的可能性。这一全新的方法论，强调软价值的不确定性，提供更灵活的视角，充实金融投资领域的选择。《软价值经济学：数字经济时代的底层逻辑》打开全新视野，为我在元宇宙产业园区和产业服务平台的发展提供了理论指引。让我们一起在元宇宙中探索并实践这门学问，共创美好新世界。

——余华龙 成都鲸鲟科技有限公司董事长，元宇宙三十人论坛理事

从数据作为一种显性生产力的出现，到数字经济时代的来临，是信息技术革命发展的新阶段。从一个阶段性的进程来看，大众不

## 推荐语

难感知这个社会正在经历的跨越式变迁。然而将此作为一门科学，对现象的洞察到理论的体系构建，滕泰博士化繁为简，从经济、哲学等多维度的视角对数字经济时代的底层逻辑进行系统的研究与提炼，为大家洞悉规律提供了一个绝佳的路径，本书的面试无疑是与这个时代同频共振的因子。

——余星宇　力盛体育 CEO

作为一个亲历并见证了中国信息化从电子化、网络化、数字化、智能化，到 AIGC 阶段的全过程的创业者，我对滕泰博士提出的"数字经济的本质是物质 – 信息平行世界"的观点感到既亲切，又共鸣。随着大模型等人工智能技术的发展，我们的工作、生活越来越多地发生在数字世界中，信息态财富逐渐成为社会财富的主体形态，《软价值经济学：数字经济时代的底层逻辑》前瞻性地为我们提供了分析和理解信息态财富创造、实现和波动的规律，以及数字经济循环、软价值经济周期的底层逻辑，对我们的经营、创业、创新和投资活动都有很强的参考价值。

——汪敏　开普云信息科技股份有限公司董事长

长期从事实业和金融投资的经历，让我常常思考传统产业的财富创造与芯片、创新药物、文化创意这样的新产业究竟有什么不同，也经常与滕泰博士交流这些问题。作为多年好友，我听他讲得最多的除了宏观经济，就是他的软价值理论，值得一提的是，每次谈到软价值，他的思维就经常跳跃到物理学和哲学层面，其观点往往能给大家意想不到的启发。这本《软价值经济学：数字经济时代的底层逻辑》是他多年积累的学术成果，我非常愿意向大家推荐这本书，希望企业家和投资者读了都能有实实在在的收获。

——宋益群　亿群投资控股有限公司董事长

在新经济背景下，像数字经济、人工智能、元宇宙等非实体经济领域已经渐渐地凸显出其重要性。滕泰博士提出的软价值经济学理论，为我们提供了全新的方式去理解和把握非实体经济领域的价值创造与分配格局，同时也有助于解决新经济中的核心问题。

该理论主要从知识产权、品牌价值以及创新等元素出发，为我们呈现了数字经济运行机制中这些元素的重要性。在数字经济的大潮中，这些元素是获得成功的关键所在。软价值经济学帮助我们更为深入地理解数字经济运行的内在逻辑，并引导我们在新经济形势下取得更大的成就。

此外，软价值经济学还为我们理解新经济周期与创新提供了新的视角。在新经济周期中，变革与创新的步伐空前加快，这就要求企业必须具备更强的创新能力和适应性。运用软价值经济学的理论和策略，我们可以更好地把握当前的经济发展趋势，为企业制定出更具实效的策略和规划。

最值得一提的是，软价值经济学为探索新的商业变现模式提供了指南。在新的经济形势下，传统的商业模式已不再适用，因此我们需要寻找新的商业机会和模式。软价值经济学为此提供了新的思路和方法，帮助我们创造更多的商业价值。

综上所述，滕泰博士的软价值经济学是一项具有深远影响的研究成果。对于那些希望在新经济时代中获得更大成就的企业来说，掌握和运用这一理论具有重要意义。

——张家豪　著名投资人，欧美中投资促进会主席

## 推荐语

数字世界经历了建设信息系统、信息系统间互联互通阶段,正处于数字化转型、全面构建数字化生态的时期,全速迈向数实融合的元宇宙时代,数字经济的比重和重要性凸显。滕泰博士的《软价值经济学:数字经济时代的底层逻辑》深入数字经济底层原理,介绍数字经济的价值创造规律、数字经济循环规律、数字经济周期、数字经济的财富流向规律;将数字化转型的方法探讨上升到方法论的高度,进而找出各行各业通用的创新转型原理。对于处于全面构建数字化生态的时期,如何在"平台—产品—场景—流量—体验—变现"的软价值经济循环中持续创新做出理论指引,强烈推荐!

——张燕生　新晨科技股份有限公司总裁

在元宇宙和人工智能时代,新技术、新产品、新场景不断创造新需求,只有坚持创新驱动,才能紧跟时代潮流。滕泰博士的《软价值经济学:数字经济时代的底层逻辑》,探讨了数字经济 2.0 时代的很多新经济规律,从信息态和物质态财富创造的关系,到技术和产品创新原理,以及应用场景和商业模式创新方法等,是一部难得的创新方法论著作,非常值得一读。

——陆宏达　国光电器股份有限公司董事长

滕泰老师一直是我非常敬佩的经济学家,他在投资实践中不断深度思考,创建了很多新的经济学理论。他的著作《软价值经济学:数字经济时代的底层逻辑》,从数字经济的角度,对非物质经济做了全新定义。深入到数字经济底层原理,对数字经济的价值创造规律、数字经济的财富流向规律、数字经济循环规律、数字经济周期进行了开创性、系统性论述。经济学家必须具备物理学家的思维、文学家的表达、哲学家的高度、思想家的深邃,滕泰老师几种能量兼备,因而不断地在经济学领域有建树。作为在文化传媒领域从事了33年财经节目主持人工作的媒体人,我第一次读到从经济学角度系统论述非物质经济,他用全新的视角和理论模型开启《软价值经济学:数字经济时代的底层逻辑》。我们都是软价值的创造者,期待《软价值经济学:数字经济时代的底层逻辑》的出版,让我们一起好书共读!

——陈小雨　中央广播电视总台主持人(《3·15晚会》《经济半小时》《经济信息联播》《地球故事》《经济与法》《艺术品投资》《金土地》《健康早班车》等节目)

当今世界,以人工智能为代表的技术浪潮正席卷全球,科华作为数字经济的参与者,切身地感受到数字技术对经济社会和全球格局的深刻影响。然而作为亲历者,我们却无法从纷繁复杂的经济行为中去总结和发现其中的规律,直到最近拜读了滕泰博士的《软价值经济学:数字经济时代的底层逻辑》,我才豁然开朗。该书从数字经济的信息态本质对世界既有的物质形态和信息形态进行深刻剖析,并系统性地提出软价值经济学理论,从而深刻地揭示了新时期的软价值经济底层逻辑。我认为这本书将为推动传统产业的数字化转型创新提供强有力的理论依据。

——陈成辉　科华数据股份有限公司董事长

在数字经济时代和工业经济时代,经济运行规律存在明显不同。当前的经济学理论基本都是源自工业经济时代的经验提炼,对数字经济时代的重大经济现象的解释力经常力有不逮。时代的发展需要理论的创新。滕泰先生的软价值经济学从价值创造这一底层逻辑出发，剖析了数字经济和工业经济的根本差异，认为世界既有物质形态，也有信息形态，数字经济的本质是信息态，其运行规律与物质形态世界的运行规律截然不同。这是经济学理论创新的有益尝试，为我们理解数字经济时代的很多新现象提供了一个新的视角，祝贺滕泰先生新著《软价值经济学：数字经济时代的底层逻辑》出版。

——**陈斌开** 中央财经大学教授、经济学院院长

当下经济发展急需诸如《软价值经济学：数字经济时代的底层逻辑》的理论创新和方法开拓。该书作为基于作者多年经济理论探索和企业经营实践的系统建构的原理性著作，尝试捕捉经济发展的时代声音，揭秘数字经济时代的底层逻辑，讨论企业价值创造新方向，凸显人创新的地位作用，对构建中国特色经济理论、推动企业高质量发展是富有启迪的。

——**林泽炎** 中国民营经济研究会副会长

由元宇宙和 AI 共同驱动，我们已经处在新一轮技术革命的起点，新的技术进步所带来的将不仅仅是生产形式和生产工具的变革，更多的是价值形态的创新，尤其我们正在由价值互联网时代进入到全真互联网时代，未来将是数字经济极其丰富的世界。与传统经济学的理论基础不同，软价值经济学前瞻性地揭示了未来数字世界中经济体系运行的本质和规律，是我们研究数字世界价值规律的强有力理论工具。

——**易欢欢** 元宇宙三十人论坛发起人

软价值经济学：数字经济时代的底层逻辑

从毕达哥拉斯的"万物皆数"，到牛顿力学，再到平台和区块链，数字越来越成为人类认知的底层范式基座，进而影响到人类的信任机制、协作机制和组织形态。滕泰博士的软价值理论创造性探索了数字经济时代的底层逻辑，是我们迈入元宇宙的台阶。物质与能量转化的发现催生了原子弹，物质与信息融合的发现将促进数字经济的爆发。

——周正　北京跳动旅行有限公司创始人

滕泰博士把数字经济 2.0 时代从价值创造的角度定义为软价值时代，我觉得很有道理。在工业化和城镇化进程放缓之后，无论是普通的制造业产品还是服务业产品，都面临着严重的供给过剩，而那些能够满足人民美好生活需要的产品，比如创新药，却永远是稀缺的。从传统产业向创新产业转型是我们多年来坚持不懈的战略，也是无数中国企业家的追求。在中国经济的深度转型期，滕泰博士从价值的源泉和创新方法等方面所做的这些基础理论研究，对于推动经济观念的转变和企业创新，都很有价值。

——赵叶青　山东金城医药集团股份有限公司董事长

三十多年前，面对滚滚的全球化浪潮，美国学者托马斯·弗里德曼不禁高呼"世界是平的"。今天，面对同样炽热的数字化浪潮，滕泰博士一针见血地指出"世界是软的"。我们习惯了农业和工业时代线性、可见、确定性强的"硬价值"，对数字时代非线性、虚拟、充满不确定性的"软价值"，在理论上还像个懵懂无知的少年、仓皇摸象的盲人。滕泰博士的新书，直面信息时代的茫然，数字经济的迷蒙，大数据、人工智能、区块链等新兴技术的玄幻，从哲学的底层逻辑重构开始，构建了一套完整的软价值经济学理论体系，为我们认识当下以及未来的数字世界，打开了一扇窗。透过"软价值"这扇窗，我们可以看到信息与物质融合发展的数字经济如何循环，数字平台经济的本质和嬗变，软价值时代的机遇和挑战等诸多宏微观主题。我相信，与全球化浪潮下世界是平的一样，在数字化浪潮下世界正在变得越来越"软"。本书的开创性意义就在于此。

——**赵建** 经济学家，西京研究院创始院长

投资是一门估值的艺术，但传统的价值理论已经很难解释以数字经济为代表的各种新经济的价值判断问题。当今世界的投资首富巴菲特先生，选择了基于企业未来自由现金折现的方法来对企业进行估值分析，而滕泰博士等人的《软价值经济学：数字经济时代的底层逻辑》提出的价值相对性原理、不确定性原理，软价值变化的量子跃迁、互为因果与相关关系，软价值变化的发散与收敛特征，价值不是一个点而是一个"域"等观点，对于我们更好地把握新经济和金融市场的价值波动规律，更好地坚持长期价值投资很有意义。

——**侯跃** 湖南财信金控集团原党委委员、副总裁，
财经畅销书《侯说巴菲特》作者

作为较早就从事自然语言处理和人工智能技术开发的企业，我们亲眼看见了这些年信息技术革命对这个世界的巨大改变，也经常感受到传统经济学理论和思维方式与数字经济和人工智能时代的经济现象严重脱节。虽然国内关于数字经济的作品很多，可大部分都是对技术和经济实践的描述，真正能够从数字经济的哲学本质、价值创造本质、经济循环原理等方面来认识数字经济的作品之前还没

有看到，滕泰博士的《软价值经济学：数字经济时代的底层逻辑》就是这样一部难得的理论专著，让我们不得不从物理学、哲学和方法论的深度重新思考信息态财富创造的本质问题，值得阅读！

——**施水才**　拓尔思信息技术股份有限公司董事长

滕泰博士的《软价值经济学：数字经济时代的底层逻辑》虽然是本经济学理论著作，但其中也揭示了企业产品研发原理、品牌价值的本质等很多底层原理。为什么大部分制造业企业宁可在供给过剩的老产品中竞争而不敢加大在新产品开发上的投入？因为研发投入与生产投入不同，投入/产出没有一对一的确定性，甚至常常是很大的研发投入却带来很小的产出。深度理解创新函数所揭示的研发创新规律，有助于提高中国企业研发投入积极性，加快企业创新升级。此外，为什么有些饮料会成为百年经典，有些饮料却昙花一现？这不仅跟产品的物理功能和物理体验有关，还跟社会文化潮流的发展和产品的叙事体验有关，软价值经济学揭示了品牌的叙事体验本质，对于中国企业如何打造百年世界品牌具有很重要的参考意义。希望软价值经济学的这些相关理论和理念对于推动中国企业创新转型能够起到积极作用。

——**姚奎章**　养元智汇饮品股份有限公司董事长，
河北省民营经济研究会会长，第十四届全国人大代表

当前，数字经济正以前所未有的速度和机制重构世界，数字经济正深刻改变人们的生产和生活方式。数字经济促进了全球化、智能化和可持续发展，提供了更高效、更便捷的商业交易方式，改变了传统产业的运营方式，推动了创新和创业的繁荣。滕泰博士

推荐语

的《软价值经济学：数字经济时代的底层逻辑》一书，分析了数字经济的本质，构建了软价值经济理论，研究提出了软价值函数及软价值创造原理，并分析了数字经济时代经济循环的底层规律，阐释了研发、创意、算法、算力等新生产力，与平台、内容、场景、流量、体验和变现等生产关系之间新的辩证关系，对科学技术生产力的内涵和价值创造机制提供了新的解释和探索。阅读这本书可帮助我们更好地把握数字经济时代的经济变革和新兴产业的发展。天下之事，非新无以为进。让我们紧紧抓住大有可为的历史机遇期，踔厉奋发，笃行不怠，书写时代弄潮新篇章。

——夏俊　深圳市电子学会执行会长，
深圳市慧天夏人工智能和工业互联网研究院院长，深圳市政协常委

　　《软价值经济学：数字经济时代的底层逻辑》这本书似乎来得有点晚了！数智经济早已摆脱了传统经济发展的桎梏而铺陈出了一个全新的境界和层次，但是对于探讨这个新异经济业态的理论却没有跟上来。这本书应该说是补上了这一课。这本书的关键词"软价值经济学"相较于其探讨的领域似乎还是谦虚了一些，不是软硬问题，而是层次问题。其以数字价值为基础的新异经济探索，实际上是在另异空间里围绕全新的或者说非物质生产要素展开的深刻研究。如果说，传统的经济学理论还在追赶现代科技领域的数字技术、信息技术的发展步伐，那么我们重要的任务就是要将数字、数智价值在生产、交换、分配和消费过程中的运行规律揭示得更加清晰，让人们从另异的空间里拓展性地认识人类经济的全新业态，从传统的固态思维中突围出来。这正是软价值经济学的使命所在！

——倪健中　中国移动通信联合会执行会长

### 软价值经济学：数字经济时代的底层逻辑

"软价值"的提出实际上揭示了一个简单而朴素的真相，那就是：当下的社会思想抑或社会意识已然远远落后于社会存在。这一个巨大的"鸿沟"是如何形成的呢？从经济学的视角来看，那便是当今世界以信息态为尺度的价值总量及其增速，已经开始大幅度地超过以物质态为尺度的价值领域；而若是以哲学的方式再精炼一番，那便是：以"物质"来打开这个世界跟以"信息"来打开这个世界所引发的真理标准的巨大变迁是如何发生的，究竟该怎样领会？为此，作者还使用了一个精妙而形象的比喻：传统经济学的价值原理就好比宏观尺度下的牛顿力学体系之于经典物理，而软价值经济学的价值原理欲求探索与揭示的恰恰是进入微观尺度之量子革命状态下的量子力学。只不过，这里的"微观尺度"就不是简单地在物理空间上从宏观到微观，而是进入到引发真理标准变迁背后的心智构想之维度的"跃迁"。而这种"跃迁"恐怕也是人工智能和元宇宙真正成其为第四次工业革命的引擎，而为人类文明开辟真理道路的关键价值要义与文明契机。由此可见作者的思想雄心。

——徐远重　李春光　元宇宙与人工智能三十人论坛发起人

作为一家电子信息领域的先进制造业企业，让企业的价值创造能力长青不衰，是我们持续的追求。滕泰博士的《软价值经济学：数字经济时代的底层逻辑》对主要行业的创新活动进行了大量观察和深入剖析后，总结了研发创新的规律，以及开展创新活动所需要的条件、环境和文化，为提升研发创新的成功概率提供了方法论的新探索，这些新的价值规律与我们现在探索的发展道路不谋而合。希望有更多的制造业企业家读到《软价值经济学：数字经济时代的底层逻辑》，找到适合自己的创新升级之道！

——徐思通　深圳市博硕科技股份有限公司董事长

滕泰博士的《软价值经济学：数字经济时代的底层逻辑》一书深刻地剖析了数字经济时代的核心原理，尤其是关于信息、数据和知识的"软价值"，对于理解新时代的经济现象和经济价值具有极高的指导意义。作者以独特的视角和清晰的逻辑，为我们揭示了隐藏在数字背后的经济奥秘。无论你是经济学研究者，还是对数字经济感兴趣的读者，这本书都值得你一读再读！

——徐亭　SXRIC 上袭创新联合体理事长，中国民营科技实业家协会副理事长兼元宇宙工委联席会长，世界院士专家联合会执行理事长兼秘书长

数字技术正在深度革新生产方式和生活方式，数字经济也正成为有史以来最为气势磅礴的产业革命。企业实践中，大家一直在思索数字化的内涵与定义，直至拜读了滕泰博士等人的新书后，才更加深刻地领悟到数字经济的底层规律性逻辑，其不同于物质形态经济的要素及其价值关系，新的生产力和生产关系结构，以及过去我们所熟知的价值运动和经济周期循环规律都在数字世界里发生了重大变化。人们改造世界的方式也越来越在人的创造性的更大激发以及数据算力的极大发展双轮驱动下滚滚向前。本书对企业数字化转型实践有很强的指导意义。

——高书林　中航国际副总经理，天虹数科原董事长

商业是链接人、服务人的行业，是有温度的行业，这是我从事商业管理和研究数十年的一个基本体会。读了滕泰博士的《软价值经济

学：数字经济时代的底层逻辑》，我对商业和服务业有了与时俱进的新认识。在新的时代，商业不仅要在人与人之间创造更多温暖的链接，还要通过创新思维，掌握创新函数，用叙事、体验、场景、平台、产品和流量的创新组合，为消费者创造更多的软价值，这才是商业转型发展的广阔天地。我建议商业领域的企业家们都要读《软价值经济学：数字经济时代的底层逻辑》，大家一起来做软价值的创造者！

——郭戈平　中国连锁经营协会创会会长

新的经济理论来源于经济背景条件的巨大变化。我们从过去相对落后的经济形态，到如今在人工智能领域、数字化技术、元宇宙等虚拟空间概念上的突破，促成了经济时代发展的条件转变。随之而来的是对价值评价标准的新思考，传统的经济价值理论因无法完全适应新时代的需求而被重新创造与整合，软价值经济时代应运而生。

滕泰博士是软价值经济学领域研究的代表者，作为朋友我始终关注着他对于新经济价值理论的研究与思考。此次《软价值经济学：数字经济时代的底层逻辑》的问世，是一次对传统经济价值理论的创新和突破，以物质和量子理论的相关哲学为框架，深化了软价值这一全新的经济价值观。对深化政府人才培养、改善教育政策，指导企业加大知识加工、人工智能领域的发展投入以及推动个体研发与技术创新有着深刻的指导意义。

软价值是由人创造的，是劳动思想创造的。要实现从硬价值到软价值的转变，关键是完成思维的跃迁。通过本书，它将为您打开一扇通向新时代的大门，深入了解软价值的现实指导和未来趋势展望，引领您进入一个充满机遇和挑战的数字经济与商业世界。《软价值经济学：数字经济时代的底层逻辑》不仅适合经济学者、企业家和商业人士,也适合对经济发展和社会变革感兴趣的读者。衷心推荐本书,并希望它能为更多人带来全新的思考和洞察。

——郭文华　宜善医学集团董事长

滕泰博士《软价值经济学:数字经济时代的底层逻辑》不仅用创新函数原理阐述了数据作为数字经济的特殊生产要素的作用,而且全景式地勾勒了数字经济的新循环。掌握新的经济学原理,客观正确认识数据的作用和价值,完整透视平台、产品、流量、叙事、场景等的数字经济的新循环模式,才能真正理解数字经济时代的各种新现象,软价值经济学的很多底层原理和方法论对于企业创新商业模式,更好地参与数字经济建设具有重要意义。

——唐颖　浙文互联集团股份有限公司董事长

数字经济时代正在颠覆传统工业时代企业价值创造的理论基础,滕泰先生的这本《软价值经济学:数字经济时代的底层逻辑》可谓恰逢其时,它揭示了企业在数字经济时代价值创造的底层逻辑,为领导者在数字经济时代重塑企业的核心竞争优势提供了战略指南。

——曹仰锋　香港创业创新研究院院长,
北京大学光华管理学院管理实践教授

作为有 30 年发展历程的软件企业,榕基能够保持生命力的关键,就是重视研发和创新。受到"摩尔定律"的驱动,信息技术企业对创新和研发的重视远远超过其他行业,从信息技术行业产生的 IPD 研发战略、OKR 考核方法正在扩散到其他行业。而对这些创新经验的系统总结和理论升华，不但能够解决中国企业转型创新的很多问题，对于推动元宇宙和人工智能时代的中国经济发展也有重要意义。滕泰博士《软价值经济学：数字经济时代的底层逻辑》就是一部创新方法论和创新原理作品，其提出的创新信息元素积累、技术与创新环境、"创意者灵感概率"等概念，对于推动研发管理观念转变、提升研发管理水平有很重要的参考价值，我推荐大家都来读一读《软价值经济学：数字经济时代的底层逻辑》！

——靳谊　福建榕基软件股份有限公司副董事长

滕泰博士研究的软价值经济学，为探索元宇宙商业化进程进行了有益的探讨，其核心观点认为：科学技术才是第一生产力，创新思维是数字经济的源泉。元宇宙的核心生产力是传输、内容、研发、创意、算法、算力。传统硬件制造业时代已经过去，平台产品—创意文化—场景体验—流量变现，不论是沉浸式体验颠覆还是对创意内容的流连忘返，不论是东方甄选董宇辉老师带货的核心能力还是传输文化底蕴，数字经济时代，一切皆有可能！

——谭贻国　深圳市虚拟现实产业联合会会长，深圳市元宇宙技术应用协会会长，前沿经济技术信息研究院院长

当我们用物质经济的旧眼光来看待全新的数字经济时代时，很像"创新理论鼻祖"熊彼特所说的，"你把多少辆马车相加，也得不到一辆火车"。滕泰老师的著作《软价值经济学：数字经济时代的底层逻辑》不仅对硬科技行业有前瞻性启发，对于文化娱乐、知识产品如何在需求侧创造价值更是有不凡的见地。作者非常睿智地发现叙事创造的价值，人类是这世界上最会讲故事、最喜欢听故事的

动物，各种宏大叙事往往会影响经济发展、社会进程、金融资产的波动。数字经济的本质是信息平行世界，如何在相对的时空让用户参与并共振，创造更多价值，相信《软价值经济学：数字经济时代的底层逻辑》会给予智慧的解答。

——熊小熊　一刻 talks 创始人、CEO

数字经济是继农业经济、工业经济之后的主要社会形态。每个时代都有它的主导性要素，农业经济时代是土地，工业经济时代是资本，数字经济时代的主导要素是数据，它会推进数字产业化、产业数字化与数字资产化。围绕数据的价值创造，去发现、认识数字经济时代的经济学规律是时代的要求。滕泰是我多年的朋友，这本《软价值经济学：数字经济时代的底层逻辑》就是他多年辛勤耕耘的结晶。书中的"创新函数"令人耳目一新，不仅可以解释数字经济、科研经济的价值创造，还可以解释近几十年来发生在知识产业、文化娱乐产业、品牌价值的各种新现象，具有很强的理论力量。

——熊焰　国富资本董事长，中国电子商会副会长

双良集团这几年的发展关键是抓住了"双碳"战略和数字化浪潮带来的新发展机遇。滕泰博士软价值经济学的很多理论和理念，与我们"经营数据化"的管理升级实践都有相通之处。从战略观念上重视创新，把握创新规律，走创新发展之路，不断探索新的商业模式，中国企业才能从容面对未来的各种挑战和机遇。《软价值经济学：数字经济时代的底层逻辑》包含了一系列新时期推动企业创新的方法论，值得一读！

——缪文彬　双良集团董事长

**软价值经济学：数字经济时代的底层逻辑**

  在芯片设计领域深耕多年，并向卫星大数据、人工智能和商用宇航领域拓展的经历让我认识到，人类的创新思维是世界上最宝贵的资源，而创新思维创造价值的过程，则是一个创新函数的概率。滕泰博士软价值经济学原理，对于当前的研发创意产业有很强的解释力，他提出的"从制造价值到科研创新价值，从研发为生产服务，到生产为研发服务"的转变，是中国很多企业从制造企业向科技企业转型所必然要经历的过程。软价值经济学还为企业创新转型提供了方法论上的支持，既有理论价值，又有实践参考性，值得一读。

——颜军 珠海航宇微科技股份有限公司董事长

  滕泰老师提出的软价值经济学揭示的是互联网、数字经济时代的经济模型。当数据等信息元素、创意者灵感概率等创新要素，取代了传统土地、劳动等生产要素；当非线性的"创新函数"取代了投入/产出——对应的"生产函数"，各种非物质经济的价值创造原理就一步步被揭开了。通过《软价值经济学：数字经济时代的底层逻辑》提出的程式，我们不但可以理解为何现在的互联网平台会成功，还可以用同样程式看到未来的世界：当机器人取代工人、人工智能取代白领，当MR眼镜取代办公室、商场、医院、学校等场景时，当你无法分辨真人和虚拟人的时候，你的企业应该如何转型？你应该如何创业？如何成为未来20年的科技巨头？仔细阅读这本书，我认为每个人都能有收获。

——潘仲光 中国经济50人论坛理事，东方高尔夫集团董事长兼总裁，<br>中数元宇MR眼镜总裁，昀光微显示屏幕董事长

## 推荐语

开卷有益，滕泰博士的《软价值经济学：数字经济时代的底层逻辑》从数字经济的信息态本质，揭示了信息态世界的运动规律；从物理和哲学维度，阐述了数字经济的价值创造规律、经济循环规律、价值运动规律、经济周期、财富流向与分配规律，以及这些新经济规律在商业模式、社会管理中的实践应用，令人耳目一新。这对于我们东华软件在人工智能、元宇宙等新一代数字技术领域开展高质量的技术创新、产品创新和业务模式创新实践开辟了新思路、新理念、新办法，对于我们把握数字经济未来发展方向趋势，推动新时期企业创新转型都有很积极的指导意义。

——**薛向东**　东华软件股份公司党委书记、董事长

跋

# 走在时代前沿，捕捉时代命题

作为经济学的门外汉，机缘巧合我第一次读到滕泰博士的著作是他在6年前出版的《软价值：量子时代的财富创造新范式》。当时，此书的书名令我眼前一亮，随后颇有兴致地通览了全书。虽然书中内容我并不能全部理解，但其命题、立论、方法、理论功底和学术境界却给我许多启发和深刻印象。时隔6年，他又将出版《软价值经济学：数字经济时代的底层逻辑》一书。粗读此书稿，我发现，从"软价值"到"软价值经济学"，从"量子时代"到"数字经济时代"，滕泰博士已经完成了对自身理论的超越，这是跳动在时代前沿的超越，是以时代内容构建"软价值"这个时代命题的超越。

每个时代都有它特定的命题，包括哲学、政治、经济和文化等命题。软价值经济学无疑是一个经济学的时代命题，它随着数字化时代的极速到来冷不丁地出现在我们面前，是我们必然面对的问题。感知、捕获、认识和阐发某个时代命题，直至形成一种系统的理论学说一般都需要一个过程，而能够感知时代脉搏和大势，走在时代前沿并形成基本认识和理论构建的人，除了具备扎实的理论功底外，还需具备长期学术积累和思想沉淀所形成的学习的悟性、眼光的敏锐性以及思想的深刻性。滕泰博士的《软价值经济学：数字经济时代的底层逻辑》，就是一部捕捉到了时代命题且具有突破性和冲击力的著作。我个人认为，他的这部新作固然大大超越了他6年前的《软价值：量子时代的财富创造新范式》一书，但"软价值"这个时代命题并没有改变，核心内容变化主要取决于软价值经济的要素是什么。我粗浅地读了这部新作，不仅佩服作者作为经济学家的专业敏锐度和理论素养，更为其思想境界拍案叫好。作为法律人，不敢妄议经济学之事，但据我所知，有关经济学著述的林林总总，可以以"软价值经济学"命题展开系统、深入研究的，滕泰博士是国内第一人。所以，尽管可能是浮光掠影地阅读了滕泰博士的新作，但我还是获得了不少感悟和启发，不揣浅陋，愿与读者分享。

第一，作者的专业敏锐度和学术功底。读滕泰博士的著作，你会很快发现他的专业敏锐度。同时，他的逻辑严密，立论清晰严谨，即使你在阅读时有不解和怀疑，也将顺其自然地接受其立论过程。他对时代性话题的敏锐捕捉，表现在他先是提出"软价值时代"命题，指出软价值作用下经济是

"全球经济的新范式",之后很快又进入对"数字经济时代的底层逻辑"以及对"软价值经济学"支配作用的阐释。所有这些绝非仅凭脑中的灵光闪现,而是学术功底、理论素养和广阔视野对于外部环境和事物的合成反映。当然,这里也不能完全否认作者个人的天赋和悟性。如同作者自己所说,他在30年前学习政治经济学之初接触"劳动价值"理论时,就已感悟到非物质价值在新的历史时期可能发生的作用。这也表明,他从有灵感,到最终提出自己的立论,也还是经过了长久的知识积累和催化的。

第二,作者的专业视点和问题导向。或许因为我是经济学的门外汉,我读滕泰博士的著作还有一个非常深刻的感受,即他的书有一定专业门槛,但却能够唤起你的好奇心,从而引导你可以一页一页耐心读下去。具体说,他在对整个主题的论述过程中,提出了许多有逻辑关联的专业关注点和理论问题,以此逐步展开、论证和表达自己的观点。如此一来,不仅使得其观点论述具有层次性和逻辑性,而且还会使读者产生问题导向。无论读者对这些问题理解深还是浅,都会进入作者的话语世界,而这样的结果是,读者通过这本书获得了大量的相关信息和问题意识,作者则以次生命题和立论实现了对其主命题和主立论的支撑。例如,为了说明其数字经济时代所决定的软价值经济现实与大势,他先后探讨了量子理论原理、信息论原理、二元平行世界、物质－信息融合发展论、创新函数的意义、软价值经济周期等一系列观点立论。其中，软价值周期理论的思想内容无疑对所有现代经济活动参与者都有积极正面的启发和参考意义。

第三，作者超乎自身专业领域的思想方法。我所了解的滕泰博士是一个思想活跃、热情、有活力但又踏实而务实的经济学者。而他又与也有这些特征的同侪不同，他有着超乎经济学者的思想方法。看他的著作，在第一时间你就会发现其思想方法的多样运用。我个人觉得，其著述突出亮点之一是有超越自身学术领域的多样思想方法。他是经济学者，却能将物理学的"量子理论"引入经济学，用以解释论证思维创造活动。他对人的存在与外部世界关系的认识，以及对生产活动与产品心理关系的解说，颇有存在主义和笛卡儿哲学思想的意味，反映出唯物主义和唯心主义的交集。他对相对论的理解和认识，一方面使他对外部世界的认识不固化、不绝对，另一方面又使其自身思想活动始终处在流动变化发展状态而不固执、不僵化。尤为可贵的是，他通过运用"透过现象看本质"的哲学思维方法，敏锐地捕捉到"软价值经济学"这个命题。他没有就经济现象论经济现象，而是透过经济现象认识、理解之所以发生这个现象的本质原因，然后又折返回来说明体现本质的现象。我以为，这是他棋高一着的重要体现。

第四，作者的专业视野和学术境界。在现今中国经济学界，滕泰博士当属年富力强、正当新锐的少壮派学者。然而，和许多经济学家不同的是，他的专业视野非常广阔，他并没有囿于自身立足场域的所谓特色，而是放眼整个世界，从世界看中国，又从中国看世界。在著作中，他使用的文献资料翔实而丰富，反映了其视野的广阔。由于这种视野，使其著作丰富且深刻，从而更具说服力和穿透力。最能引起我共鸣的是他的学术境界，他不满足于一个中国经济学家的地方性知识成就，有着走向世界、与西方国家经济学者平起平坐而论道，进而在世界经济学领域有所建树的志向。在今日中国走向世界、构建人类命运共同体时代使命的历史进程中，无疑特别需要有这样学术境界的学者。他不自以为是，对于别人的理论，不单单是要拿来为我所用，而且还要咀嚼之后反哺回去。这样一位把中国经济和世界经济视为一体从而寻求其普遍性规律的学者，远比高唱地方性和国域性特色、视野狭隘的经济学家高明、理性和富有建设性。

第五，作为经济学领域外行的法律人所获得的启发。相对于经济学家的先进、积极、敏感和创新冲动，法学家总是保守、消极、木讷和谨慎小心的。法律和经济的不同本质，决定了法学家一般只对已然、实然和应然的现象进行思考和规范，而经济学家则不仅要对已然、实然和应然的现象做出解释评价，而且还要对未然的现象进行预测、思考和判断。历史的经验和今天的现实总是表明两者之间有着这样一种关系：经济学家只管顺势而为、引导潮流、抢占先机、获取利益，却把在此过程中发生和存在的问题留给法学家。20世纪80年代，中国改革开放初期，为了缓解全民所有制、国家财产与社会主义市场经济之间的张力，法学家们差不多是跟着经济学家后面对已然的社会经济现象做法律诠释。如今，当数据经济的大潮突然到来时，一方面是经济学家的欢呼雀跃，另一方面却是法学家的困惑和不知所措。读《软价值经济学：数字经济时代的底层逻辑》，可以清晰感受到作者的热情、兴奋和乐观进取的态度，似乎在其眼前已然呈现数字经济的繁荣昌盛。但对于法学家来说，忧虑才刚刚开始。例如大数据运用对公民权利造成的风险，人工智能对人类可能造成的冲击和冒犯，虚拟现实的元宇宙对整个现实社会的冲击与干扰，虚拟世界法律主体和法律关系的确认与构建，等等。从某种程度上来说，软价值经济学的潜台词就是认知经济学。如果此说成立，滕泰博士所说的关于软价值经济财富流向与分配较之硬价值财富流向分配有什么本质不同？它对人类社会生活生产结构直至社会阶层结构会产生什么影响？未来立法体系是否需要建立虚拟立法机构和虚拟法律规制？……这里面有太多的法律问题要去面对和思考。否则，未来的数字经济要么将会给既有社会秩序带来混乱和颠覆，要么将不能长久。所以，在跟着滕泰博士的《软价值经济学：数字经济时代的底层逻辑》兴奋一场之后，我突然发现法学家们将来要做的事情有很多很多。

最后，无论是乐观还是悲观，人类社会总是要发展前行的，社会的大潮或大势浩浩荡荡，或有曲折，但却无法阻挡。数字经济时代的到来，显然也是人类社会特定发展阶段中的大潮，所以必须面对，或做弄潮人，或等潮弄人。是否能怯怯的一问：人类追求无限制的技术进步究竟是要达成什么目的？人类是否会走向自身的反面或完全异化？或如历史唯物主义辩证法所说的，继续进行一次"否定之否定"的进化循环或轮回？近些年来，有关外星人的传说、议论越来越多。按滕泰博士所说的相对论，我们人类其实相对外星球来说也是外星人。我们追求无限发展，是否有一天也会进化为不可知的"外星人"，抑或又变回原始人？我在2019年粤港澳大湾区发展建设的文化使命国际论坛上，曾说过人类迟早要在有限发展和完全异化之间做一个选择。当然，这个选择什么时候才做，能不能做，现在谁也没有答案。

历史现实表明，人类社会的确已处在一个新的更高级的发展阶段，它或许就是"数字时代"或"软价值时代"，说不定也是"第四次浪潮"或新的未知进化前夜。正因如此，《软价值经济学：数字经济时代的底层逻辑》不仅具有鲜明的时代特征，而且直接触碰到人类历史发展阶段的"拐点"或"爆点"，故自身就已经体现了"软价值"。我觉得，滕泰博士的这部新著作或许是得到了时代的启发，从而得以成为具有时代标识的先锋之作。

米 健

北京师范大学特聘教授

澳门政府政策研究与区域发展局原局长

德国弗莱堡大学名誉法学博士

中国政法大学退休教授

2023 年 10 月 3 日